劉仲敬民族發明學講稿

劉仲敬

民族發明學講稿

逆轉的東亞史

肆

劉仲敬——著

非中國視角的上海

【上海自由市篇】

編輯說明

本書是在明鏡新聞網「劉仲敬思想」系列節目的基礎上彙編整理而成，內容保留劉仲敬本人演說的白話特色，並為他引述的各種比喻或典故添加注解，以及附上相關插圖解說。

下列為本書各講次的原始節目名稱及播出時間：

第一章　原住民的遷入和拓殖／第65期／2019年12月15日

第二章　上海自由市初期的外交和憲制／第66期／2020年3月14日

第三章　上海自由市黃金時代的宗主權、司法統治和附則立法權／第67期／2020年3月21日

第四章　上海自由市的法治、領土和主權者／第68期／2020年4月11日

第五章　上海自由市的南非化和南越化（上）／第69期／2020年5月2日

第六章　上海自由市的南非化和南越化（中）／第70期／2020年5月9日

第七章　上海自由市的南非化和南越化（下）／第71期／2020年5月15日

第八章　上海行政國家的夭折和恐怖主義的興起／第72期／2020年5月23日

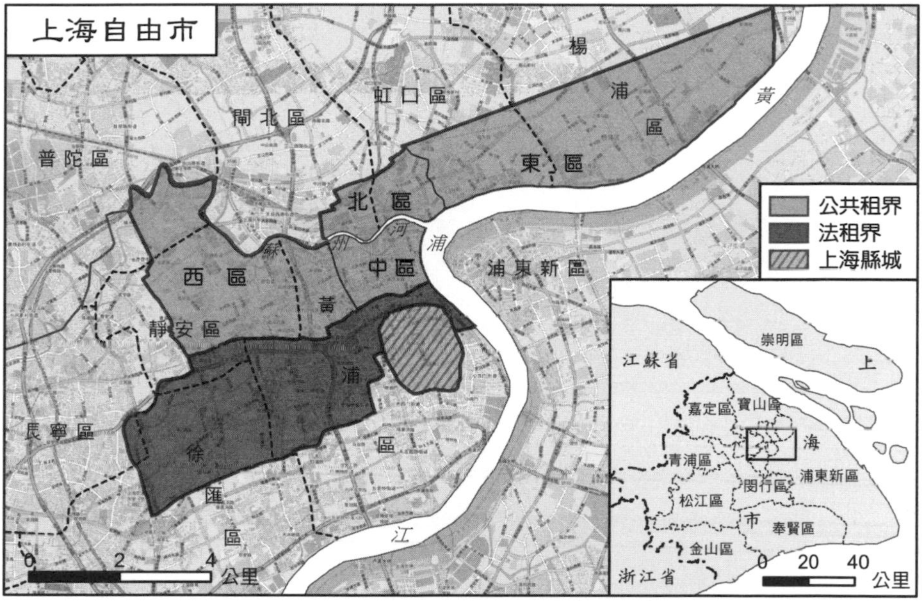

本圖以當代上海行政區域圖為基準，並參考日本大阪朝日新聞社於一九三二年刊登的《最新上海地圖》所繪製。公共租界的範圍南以延安中路和法租界相隔，西至膠州路，北界跨過蘇州河，約從武進路開始　路向東延伸；法租界則西起華山路，北至延安中路，南界為肇嘉浜路、徐家匯路，東界由肇周路、方浜路、人民路、中山東二路組成；上海縣城則位於中華路與人民路環內。一九三七年淞滬會戰爆發後，日軍占領公共租界的北區與東區，中區和西區仍由英美士兵防守，直到一九四一年太平洋戰爭爆發，日軍跨過蘇州河，全面入侵公共租界。

目次

一、原住民的遷入和拓殖

舊上海：清帝國所屬的上海縣城

上海可以說是像馬基維利那種政治理論家最夢寐以求的實驗室，因為它在短短的一百多年之內，把自希臘城邦以來人類曾經有過的自由共和國的實驗方式全部演示了一遍。其他地方（比如說在歐洲）在長達幾百年的時間內所發生的各種歷史事件和歷史進程，上海像是按了快轉一樣將它們迅速地釋放出來。最初，上海的誕生是源於一個典型的希臘式現象，像敘拉古、他林敦、亞歷山卓這樣的希臘城邦產生的經典過程。來自希臘、本身就有自由共和國傳統的移民，在遠方的土著人當中建立了自己的自由城邦。不論是土著人、蠻族（像敘拉古所面臨的情況），或者是東方專制國家的臣民（像亞歷山卓、安條克以及美索不達米亞的塞琉西亞所面臨的情況），總之他們都是沒有自治能力、沒有自己的議事會議的野蠻人[1]（按照《荷馬史詩》中奧德修斯所說的那句話）。一般來說，這樣的自由城邦和周圍土著之間的關係都是相當緊張的。歷史一般只記載這些城邦共和國的歷史，而把周圍的土著當成是動、植物一樣的純粹背景。敘拉古和西西里就是相互對立的概念，亞歷山卓和埃及也是相互對立的概念；這種模式到了近代，就變成「兩個上海」之間的對立。這兩個上海分別是：十九世紀中葉剛剛誕生、具有重大歷史意義、本身就是歐洲文化在遠東的一個延伸的「上海自由邦」；大清國下轄、兩江總督和江蘇巡撫統治的上海縣城。從性質上看來，這兩者的對立可以說是亞歷山卓和埃及的對立。在近代，兩個上海之間的關係就是羅德西亞和辛巴威之間的關係。在一九六〇年代的地圖上還有羅德西亞，但今天的地圖上只剩辛巴威了，不過它們在地理上仍位於極其相近的地方；兩者之間長期以來就是敵對國家的關係，辛巴威的建國就是羅德西亞的滅亡。[2]

我們所要談的上海自由市正是這樣一個類似亞歷山卓和敘拉古的城邦。它的建立最初是來自於人數不多的英國商人和商業冒險家，他們從廣州的商館出發，投入非正式和不一定合法地探索揚子江（長江）流域的商業機會。他們當中有一部分是英國東印度公司的分支勢力，另一些則是獨立的商業冒險家。在他們來到揚子江口和黃浦江口之前，多半已經

1 原文出自《荷馬史詩．奧德賽》第九卷第112-115行：Neither assemblies for council have they, nor appointed laws, but they dwell on the peaks of mountains in hollow caves, and each one is lawgiver to his children and his wives, and they have no regard for one another.（既沒有議事會議，也沒有法律，他們居住在山峰上的山洞裡，每個人都是他的孩子和妻子的立法者，彼此之間沒有任何關係）

2 一八八八年，大英帝國殖民者塞西爾．羅德斯在非洲南部建立殖民地，並以他的姓氏命名為「羅德西亞」。在經歷超過半個世紀的合併與重組後，一九六五年，羅德西亞在不受國際承認的情況下，單方面宣布脫離英國成為獨立國家，但很快就因為國內的種族衝突爆發內戰，亦即羅德西亞叢林戰爭。一九七八年，政府與游擊軍簽訂停火協議並展開大選，一九八〇年，辛巴威非洲民族聯盟於大選中勝出、獲得政權，辛巴威共和國正式獨立建國，羅德西亞則走入歷史。

在印度、麻六甲和廣州有過多年的經商經驗。而當地的土著，包括吳越的地主，松江和上海一帶的地主和消費者，其實是暗中歡迎他們的。所以他們才能夠在沒有引起任何衝突的情況下賺到錢，甚至可能買了地、買了房子，或者是租了地、租了房子，在當地形成了一定的勢力。衰敗中的大清國地方官採取了倭寇產生以前大明國吳越地方官對走私商人的類似態度，也就是「不管不問」，時而收一點地方士紳和商人送來的賄賂就好。當然，在汪直和徐海的那個時代[3]，吳越地主和商人從那些與日本人有關係的走私貿易者當中得到了很多好處。得到了這些好處以後，他們就不再執行皇帝頒布的海禁政策。這些商業冒險家在黃浦江口、甚至在上海縣城內所擁有的財產到底是怎麼樣的一個性質，在法理上也是不清楚的。按照大清國的憲制（如果它還能算有一個憲制的話），那麼至少揚子江以南的各省居民在法律上是被征服者或者降虜，他們連生命安全都是皇帝額外恩賜的，皇帝隨時都可以收回。皇帝並非經常徵用他們的財產，但這並不是說皇帝沒有這個權力，從原則上來說皇帝是可以這樣做的。

如果說對於臨近滿洲的其他地方還可以說是有一些入關以前就有的特權或歷史權利，崇禎皇帝作為皇太極和滿洲諸皇帝的交涉對手以及滿洲人入關討伐李自成的正當性依據還被給予了承認，那麼南京的弘光政權[4]在大清國的政治正統當中一直是不被承認的，弘光政權和永曆政權[5]一樣都是非法政權。從大清國賴以存在的法理上來說，大清國在入關並且替崇禎皇帝弔喪報仇以後，繼承了崇禎皇帝對關內各省的合法所有權；而福王作為大明國的一個親王，不但不能給崇禎皇帝報仇，反而利用大清國替崇禎皇帝報仇的這個間隙成立了他的非法政權，企圖聲索順治皇帝已經繼承的大明國皇權，基本上他就是一個叛逆者。所以，弘光政權舉行的科舉和它招收的秀才、舉人的學位都是非法的。這與傅斯年和蔣介石不承認汪精衛政權所辦的大學和這些大學的學位是同一個道理。但是崇禎皇帝時代招的秀才、舉人全都是合法的，大清國有義務像共產黨接收國民黨投降部隊的軍官那樣，給他們相應的待遇。儘管這些軍官的待遇可能沒有共產黨的嫡系那樣高，但是他們毫

3 汪直（?—1559，明代著名的武裝海商集團（倭寇）首領。以日本九州外海屬於肥前國的平戶島（屬今長崎縣）為基地，從事海上貿易，後被明世宗下詔處死。徐海（?—1556年），徽州人，明代嘉靖年間縱橫江浙海上，自稱天差平海大將軍，後被胡宗憲打敗。

4 一六四四年李自成率眾攻陷北京，明思宗朱由檢自盡身亡，明朝廷至此滅亡。不過，南方諸省仍效忠於明帝國，朱由檢的堂兄（弟）朱由崧在群臣擁立下登基，是為弘光帝，國號仍為「大明」，史稱「南明」。不過，清帝國認為明帝國的國祚只到朱由檢為止，而繼承其法統的是清帝國，因此將弘光帝的南明政權視為叛亂團體。

5 弘光帝朱由崧死後，南明政權陷入動亂，唐王朱聿鍵與其弟朱聿鐭先後稱帝，但都被清軍攻滅，最後由桂王朱由榔於廣東登基，是為永曆帝。一六六二年，逃至緬甸曼德勒的永曆帝被攻入緬甸的吳三桂抓住，後於昆明被處死。至此，南明政權可謂正式滅亡。

無疑問是中華人民共和國文武百官的組成部分。大清皇帝既然接受了繼承崇禎皇帝遺產的義務，那麼崇禎皇帝提拔起來的各省巡撫、秀才和舉人也就變成了大清國必須安置的一批人。他們的地位雖然不如滿蒙八旗，但是他們在大清國體制之內有合法地位、皇帝必須負責給他們找工作這一點上是沒有疑問的。

可以這麼說，弘光政權和永曆政權的文武百官和舉人、秀才，大清皇帝不殺你、不抄你家已經是法外施恩，因為你在法理上是一個叛逆政權的官員。雖然你可以說，我們的主子弘光皇帝和永曆皇帝與崇禎皇帝和萬曆皇帝一筆寫不出兩個朱字來，明明我們就是他們的合法繼承人，但是這種理論的合法性其實就與蔣介石和毛澤東都說自己是孫中山的繼承人一樣。雖然按照外行的看法，蔣介石和孫中山都是國民黨，按理來說應該是蔣介石才是合法繼承人，但是按照共產黨（至少是早期）的正統性理論，蔣介石清黨以後，孫中山的正統已經轉到共產黨這一邊了。共產黨連同它統戰的民革[6]和其他政黨繼承了孫中山的衣缽，而蔣介石才是孫中山的叛徒。凡是蔣介石的國民政府所提拔起來的文武百官，不是現行反革命也是歷史反革命。你不要指望在北京的政協會議裡有你的一席之地，因為你是鎮壓對象。弘光政權與崇禎政權的關係，就是蔣介石政權與孫中山政權的關係。大清國對待這兩個政權的態度，與共產黨政權對待蔣介石政權和孫中山政權的態度是一樣的。崇禎雖然打過我們、鎮壓過我們，但是我們得承認，我們在中國、在關內的這一部分政權是從崇禎皇帝那裡繼承下來的，我們承認崇禎皇帝的文武百官。至於弘光，我們根本不承認你是皇帝，我們只承認你是福王。那麼從福王的非法政權那裡取得地位的吳越士大夫和地主商人的地位是什麼呢？你們是附逆有據的逆民，你們不像北京城裡的文武百官那樣，在崇禎皇帝上吊以後擁護了順治皇帝，所以就變成大清國的一部分。你們在順治皇帝和攝政王多爾袞下詔招安你們的時候，不但拒絕招安，還擁戴了非法的福王政權。等到大清國的大兵南下，把刀架到你們脖子上的時候，你們才接受屈辱的和平，所以你們是降虜。

但是，這個理論在大清國中後期以後已經漸漸地隨著滿洲人的退化而行不通了。民間看到，滿蒙八旗長期不作戰，似乎與綠營這樣的治安警察已經沒有什麼差別，漸漸腐蝕了滿洲人政體的基本精神。而滿洲人任命的巡撫和地方官，除了個人和小集團的腐敗以外，也不願意多生事端了。因此，儘管降虜沒有法定上的權利，但卻掌握了很多實質上的利益。他們運用這些實質上的利益，在與英國商人、歐洲商人和給他們做翻譯、仲介、買辦

6 民革，中國國民黨革命委員會的簡稱，是中國排名第一的民主黨派。該黨創建於一九四八年，早期黨員多來自國民黨左派人士和中華民國國軍易幟、被俘的高級軍政人員。目前，黨員主要與原中國國民黨有關，是與台灣有聯繫的中上層人士和中高級知識分子。

的這些中間人打交道的時候，雙方都獲得了利益。在英國人那一邊，他們的權利是無可爭議的，是英王陛下和英國的習慣法一向予以保護的；但作為清國臣民這一方面，他們的權利是一點都不確定的。如果英國人來了就走，那麼問題還不算嚴重，地方官睜一眼閉一眼、撈一點好處就可以解決問題；但是他們之中有一部分人住了下來，而住下來以後他們就以本地的地主自居，這就要引起嚴重的糾紛了。

把土地和房屋賣給英國人的那些原主，他們有合法所有權嗎？有些人是真的有，他們在大清國是有地契的，按照大清國的政治術語來說叫做「糧戶」。什麼叫「糧戶」？就是給皇上納糧的人，你是地主、是有產階級，和打工仔是不一樣的。無產階級在全世界任何地方都是沒有地位的。但是紳戶給皇上納了糧，就獲得了要求皇上保護你的權利。那麼皇上憑什麼保護你呢？憑「刀把子」[7]保護你。皇上是武裝集團的最高統帥。皇上保護你，終歸是運用他的武力來保護你。所以，在涉及安全的事務上，你不能說我是一個業主，我高興怎麼做就怎麼做。你作為一個業主、資本家，你可以隨便解雇你手下的工人，可以解

7 刀把子，中共對政法機關的代稱，該詞大約出現在毛澤東時代，通常和筆桿子（文宣）、槍桿子（軍力）並用。習近平在二〇一五年再次發表講話，指出要培養一支忠於黨的政法隊伍，確保刀把子牢牢掌握黨的手裡。

③

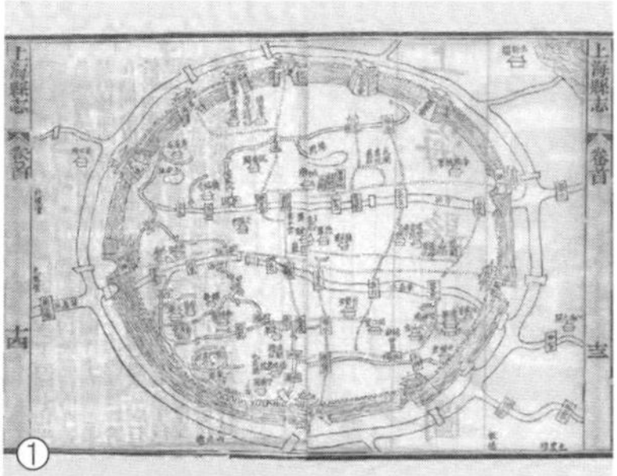

①

②

④

「舊上海」：上海縣城　上海原為隸屬於江蘇省松江府的一個縣，而上海縣城為其縣治，於明代修築城牆以防禦倭寇（圖1），並設有水門讓肇嘉浜、方浜等水道通過（圖2）。雖然城內有市集貿易，還有豫園這類的古典建築（圖3），但相較於英美建立的「新上海」：上海自由市，上海縣城顯得落後破舊（圖4）。

雇你的長工和短工，可以作威作福、吃喝玩樂，但是你不能冒犯皇帝。如果冒犯皇帝的話，你對你聲稱所有的這些財物的權利，都是可以隨時被一筆勾銷的。這樣一來就存在一個問題：你私下把房屋和土地租給或者賣給皇帝不認可的洋人，皇帝承認嗎？皇帝允許嗎？答案是，根據大清皇帝繼承的《大明律》，這是不被許可的，你在進行一場非法的交易。地方官實際上有義務把你當作奸民抓起來，把沒有戶口而在本地自稱地主的這些洋人遣送出境。

康熙在位的時候，朝廷的地方官還對以類似的非法方式居住在吳越境內的外國商人和航海家採取了類似的行動。把土地和房屋賣給外國人的大清臣民，該砍頭的砍頭，該沒收的沒收，該流放青海、廣西的流放青海、廣西。對外國人，我們就要客氣一點，不知者無罪，他們也是被這些萬惡的奸民所欺騙的，他們不知道他們買到的東西是不合法的。朝廷要把他們送回去，還要花錢給他們買一張船票，準備路上的盤纏，請他們回去。當然，他們也是吃了虧，他們買到的東西作廢了，但是朝廷必須用待客的禮儀對待他們，自己掏腰包送他們回去。康熙的這種做法才是大清國國家體制應有的做法。很明顯地，自從嘉慶、道光以來，按理來說朝廷應該用類似的方法對待這些居住在黃浦江口的英國人，但實際上地方官採取的做法是，如果沒有惹出事的話，我們就假裝這些事情沒有發生。當然後來果然還是惹出事情來了，不是在上海，而是在廣州——那就是眾所周知的林則徐的鴉片戰爭。

新上海：英美拓殖者的上海自由市

鴉片戰爭的結果是簽訂《南京條約》。簽訂《南京條約》以前，在黃浦江口有一場戰役，就是牛鑑和陳化成主持的炮台戰役。[8] 牛鑑是一個文官，他並不懂軍事，但陳化成是福建總兵出身，是打過海盜的。在大清國的體制內，他是公認的火器和火炮專家。道光皇帝認為，把揚子江口的要地交給他是可以放心的，帝國找不出比他更懂火炮的人了。另外，陳化成本人也是一個深通軍事的人。他首先修築了一連串的要塞防禦線，部署了幾百門大清國最好的大炮，然後採取了誘敵深入的計策。他斷定，英國人如果膽敢登陸、深入他的火炮陣地，他就可以全殲他們。然後大家都沒有料想到的事情發生了——英國海軍出

8 牛鑑（1785—1858），甘肅人，清代進士，鴉片戰爭期間出任兩江總督，並打算與英軍議和。戰後原被清廷定死罪，但最後仍獲釋放。陳化成（1776—1842），福建人，清代將領，曾因鎮壓海盜有功而升任台灣總兵、福建水師提督等職。鴉片戰爭期間受命部署位於長江和黃浦江江口的吳淞炮台，拒絕牛鑑提出的議和主張，最後戰死沙場。

現在揚子江口，從海上向大清國的陸地炮台開火，在幾個小時之內把這些炮台全部打到啞火，然後海軍陸戰隊從側後方登陸。陳化成的虎蹲炮，從技術上來說是紅衣大炮[9]的變形，也就是天主教傳教士、耶穌會士在登萊替孫元化和孔有德[10]他們引進的那些當時的海船炮。後來孔有德叛變崇禎皇帝，帶著他的火炮一路逃到滿洲去了，再把他的火炮技術教給了盛京（今瀋陽）的朝廷。然後盛京的朝廷就利用他們現成的冶鐵工廠，在火連寨[11]和滿洲各地大規模地造出炮來。在十幾年之內，他們造出的炮的數目就多出了明人的十倍。他們就是憑著這些火炮，最終打敗了洪承疇在松山的軍隊。

清朝廷入關以後，出現了軍事史上的奇蹟——當暹羅人和緬甸人都在不斷增加他們的火炮的同時，比暹羅和緬甸所轄領地大上幾十倍的大清國，火炮數目反而越來越少。康熙時代的火炮就比努爾哈赤和皇太極時代還少，道光時代的火炮則是連原有的規模都維持不了。陳化成的這些虎蹲炮是紅衣大炮留下的標準式樣，但是從英國人的角度來看，這些葡萄牙式的火炮早就應該進軍事博物館了。英國人用他們的海船炮，輕而易舉地摧毀了這些炮。而且事實證明，這些炮在開火的時候，使用的火藥也已經不如努爾哈赤和皇太極時代的火藥了。那時候的火藥技術雖然簡陋，但大家是真的要打仗，是要認真準備火藥的；而現在的火藥都承包給一些奸商了。因此，炮一發射的時候，火藥往往會先在炮膛裡炸開，把自己的炮手活活炸死。海軍陸戰隊從側後方登陸以後，還沒有被海船摧毀的一些炮因為無法轉動，根本發揮不了抵抗作用，於是所有的防線都被英國人輕易地摧毀了。

在這些防線被摧毀以後，上海知縣迅速逃跑，因為上海已經變成一個不設防的地方了。於是，上海縣城的有產階級陷入眾多盜匪和會黨的搶劫威脅之下。他們派出代表，就像北京市民歡迎滿洲人那樣，要求英國人替他們維持秩序，保護他們的財產安全。但是英國人表示，我們只是為了要求自由貿易而來的，我們並不想在上海建立任何統治。如果你們要我們替你們剿匪的話，那我們就要做一些額外的勞動，浪費一些軍械，這對於我們是預算外的開支，這種事情不是不可以做，就看你們願意出多少錢了。於是，上海縣城的有產階級就湊了三十萬兩白銀給英國軍隊，要他們代勞剿匪。於是英軍司令官發布了一

---

9 亦即「紅夷大炮」，是一種流行於十六世紀歐洲軍隊的加農炮，於明末傳入中國；所謂「紅夷」，指的是荷蘭人與葡萄牙人。紅夷大炮曾讓明帝國於一六二六年的寧遠之戰中重創清軍，後來清軍成功仿製該大炮，並且在一六三九年的松錦之戰中重挫明軍。由於滿人忌諱「夷」字，於是將其更名為「紅衣大炮」。

10 孫元化（1582—1632），上海人，火器專家、天主教徒，師承徐光啟。曾從軍於遼東，協助袁崇煥防禦清兵，並於一六二六年的寧遠之戰中部署十一門紅衣大炮，擊退努爾哈赤及其軍隊，後升任登萊巡撫（在山東），並將叛將孔有德納入麾下。孔有德（?—1652），明末清初將領，遼寧人。先後投效毛文龍、孫元化，率兵抵抗清軍。一六三一年孔有德發起「吳橋兵變」，被明軍鎮壓後投降於清，提供清軍火器技術，並協助清軍抗明。

11 位於今天的遼寧省本溪市溪湖區火連寨鄉，是清軍入關前重要的冶鐵重鎮。

個剿匪布告：「兩國交兵，不是你們這些廣大盜匪趁機搶劫的理由，我要剿一剿你們。至於廣大的和平居民，你們只管安居樂業就是了。」他們維持秩序以後就走了，然後再留下一個布告：「等我們和大清皇帝簽署了條約以後，你們這三十萬可以從賠款當中扣除，我們不會多拿你們的錢。」《南京條約》簽訂以後，這三十萬果然從清國應付的賠款中扣除了[12]。英國人就用這種方式，讓吳越的居民（我們要注意，上海縣城是屬於吳越，而不屬於上海自由市）第一次見識了歐洲式的法治觀念是怎麼一回事。

接下來就是《南京條約》和五口通商。五口通商，眾所周知，是和上海縣叫同一個名字的上海自由市的真正起源。從歐洲法律的觀念上來說，它只是授權歐洲的商團（特別是英國的商團）在五個通商口岸按照自己的習慣法自我治理。這樣就能夠避免以前在廣州多次發生的那種你應該按照誰的法律辦事的糾紛。眾所周知，英國人不能忍受大清國衙役審理案件的那種方式，而大清國的外交官並不像後來國、共兩黨編纂的歷史書所說的那樣低能，他們敏銳地看到機會來了，可以藉此清理一下實際上已經在吳越各地定居的那些法律上來說是不合法的、但事實上已經取得了半合法地位的英國商人。他們告訴這些人：「既然我們已經簽署了五口通商的條約，而條約明文規定英國商人可以在五口建立自己的自治團體，那麼反過來說，在五口以外的其他地方，你們的地位就是不合法的。你們應該集中到那些地方去，這樣可以免除我們管理上的麻煩。」雖然這種要求合不合法是很成問題的，然而無論合法還是不合法，清國官吏都是沒有能力去執行這些條件的。如果住在上海縣城或者蘇州府的英國商人一定要說：「你這樣做損害了我的財產權，我要跟你沒完沒了」的話，那麼當地的地方官紳顯然是沒有能力把他們怎麼樣的，但是英國政府在這方面卻樂於配合大清國政府。

英國人有一個管理方面的麻煩——從原則上來說，女王陛下的政府當然有義務在世界各地保護女王陛下的臣民的安全，如果他們被林則徐虐待的話，不管一管是不行的，因為這是有損人權的（當然只是有損英國人的人權）；但實際上英國政府和所有政府一樣，都不願意多花錢、不願意有預算外的開支。所以，早在林則徐引起鴉片戰爭以前，類似的糾紛已經鬧了幾十年，而每一次事情鬧到西敏寺，英國政府都表示它寧願息事寧人。戰爭開支是一筆預算外的開支，而戰爭不僅要死人，還會導致派到遠東去的這些水土不服的將士病死在他鄉，政府還要付一大筆醫療費和撫恤費給家屬，怎麼看都是不划算。只要能夠含

12《南京條約》第六條：欽差大臣等向英國居民人等，不公強辦，致須撥發軍士，討求伸理，今酌定水陸軍費洋銀一千二百萬元，大皇帝准為補償。惟自道光二十一年六月十五日以後，英國因贖各城收過銀兩之數，按數扣除。可參考唐振常主編，《上海史》，上海人民出版社，1989，第133頁。

糊地應付過去，英國政府其實是比大清皇帝更不願意開戰的（這和國、共兩黨的教科書所說的恰好相反）。只有等到英國臣民自身的生命安全受到了威脅，政府如果不開戰就無法對國內輿論交待的時候，政府才會勉強開戰。對於政府來說，如果英裔商人和其他什麼人都集中到一個只有英國人的居留地來，那麼萬一發生糾紛的話，皇家海軍要保衛他們是很容易的，這真是一個省錢、省事的好辦法。從封建制度脫胎而來的英國立憲君主制的角度來說，其實不論是英國臣民，還是義大利人，甚至是封建歐洲的所有法人團體，只要他們在世界上任何地方按照自己的習慣法建立起自治團體，他們就擁有一定程度的自我保衛的義務。但是如果他們保衛得不到位，比如說在希臘或君士坦丁堡（今伊斯坦堡）的什麼地方被土耳其蘇丹虐待了，就會引起他們的法定君主有沒有義務出兵的問題。這是很麻煩的事情，能避免還是盡量避免。所以，英國領事就發出文告表示，如果英裔居民願意在黃浦江口的荒地替自己建立一個居留地，那麼有事情的時候就可以由英國領事出面處理。

我們要注意，租界的法定英文名詞「Settlement」應該翻譯成「居留地」，「租界」這個詞是歷史建構的產物。近代所謂的國恥教育教給你們的所有東西都是歷史建構的產物，和它真實的法律意義是不相符的。居留地是一個中性的名詞，它沒有誰占誰便宜的意思。而且，即使在遠東居留地這種制度也是自古以來就有。例如，我們都知道，唐帝國允許阿拉伯人和波斯人在廣州建立他們的居留地，而這些居留地也是用伊斯蘭教法和他們自己的習慣法來自治的[13]，從來沒有人說李世民（唐太宗）喪權辱國。穆罕默德二世[14]征服了君士坦丁堡以後，主動允許投降的希臘東正教徒和熱那亞商人按照他們的習慣法自治，因為這些東西都是寫在《古蘭經》裡面的。沒有人說征服者穆罕默德從那些戰敗者手裡接受了喪權辱國的條件。大清國在入關以前，早就允許晉商（山西商人）[15]在張家口和盛京建立自己的居留地，替他們走私軍火、販賣人蔘和皮毛，這些貿易替滿洲皇帝帶來了很大的收入。我們要注意，他們並不是什麼阿拉伯人、波斯人，就只是在張家口做貿易的晉商而已。所以，你如果要說喪權辱國的話，那麼大清國在入關以前早已對晉商喪權辱國了。居留地這件事情在道光、嘉慶、咸豐這些皇帝眼中，根本不是喪權辱國，他們答應這一點

13 參見李金明《唐代廣州與阿拉伯的海上交通》，湛江師範學院學報，2002：23(2)。

14 穆罕默德二世（Mehmed II，1432—1481），奧斯曼帝國蘇丹，於一四五三年攻破君士坦丁堡，滅掉延續一千多年的東羅馬帝國。征服君士坦丁堡以後，他保留既有的東正教會，並命令神職人員將基督教文獻翻譯成土耳其文，此外他還使用了羅馬皇帝的稱號，以穩固他在歐洲擴張領土的合法性。

15 明國朝廷為防蒙古入侵而在長城駐軍，占有地利之便的晉商便是透過經營軍需物資而起家的。晉商起初為士兵提供米、鹽，累積資本後再投入金融業，並經營絲綢與棉布買賣，將商業版圖擴張到吳越、巴蜀等地。另外，晉商自清國建國以來便與皇室關係密切，所以當時的貿易大多被晉商所壟斷，知名的清俄茶葉貿易便是由晉商主導；也因為晉商對清國財政貢獻良多，成為清國皇室的「御用商人」。

也沒有引起任何爭議。他們認為什麼是喪權辱國呢？派駐大清國的公使要求按照歐洲慣例常駐北京、並且隨時可以見到皇帝這件事情，這才叫做反了、違反大清國的體制。大清國皇帝寧願對所有歐洲商人免稅，只要他們願意留在上海和廣州而不要進京；進京這件事情才是喪權辱國。

錯綜複雜的財產歸屬

我們要注意，英國領事和大清國地方官的說辭就是，如果你們在居留地集中起來自己管理自己的話，你們有了事情可以交給英國領事，讓領事直接替你們向總督和皇帝交涉，你們不用分別和各地的那些土衙門交涉。而土衙門通常沒有法治觀念，也不知道英國人的屁股有多麼尊貴，說不定會像打大清臣民的屁股那樣打你們的屁股，然後你們又要瘋狂地叫囂「人權」、「自由」、「英國人自古以來的特權」、「西敏寺管不管我們」，弄得英國政府也很困擾。大家都很麻煩，何必呢？請注意，這樣的說辭當中其實沒有任何強制性的條款。你們到了上海居留地，可以得到英國領事提供的各種服務，但是它沒有說你們非得住到這裡面不可。但實際上造成的效果就是，他們真的都跑到這裡居住了。實際上，和國恥教育的說法不一樣，地方官和英商都覺得這是很麻煩的事情。地方官如果在本地留了一批別人都可以打他屁股、而你卻不能打他屁股的人，這對他的統治威望來說是一種損害。而對於英商來說，並不是所有的地方官都是洋務派、那麼好打交道的，也有一些蠻不講理或者不知後果的地方官，他當時就是打了你的屁股，或者殺了你，讓你死在監獄裡面，就像廣西的馬賴神父事件[16]一樣。後來英法軍艦打上門來，皇帝撤了他的職、砍了他的頭或流放他到伊犁去，但是英國人寶貴的老命還是賠在這裡了。這對任何一方來說都是很麻煩的事情，而上海居留地的建立可以讓大家省去一些麻煩。

但是這樣一來就導致了規範化的問題。頭腦實際的英國洋行和商人，他們最初為了買地而簽訂的契約是五花八門的，有些是正式的地契，有些是非正式的、雙方自己寫的一張紙，有些甚至是口頭約定。沒有糾紛的時候倒還好，有糾紛的時候，請問，這些大產權、

16 即「廣西西林教案」。聖馬賴（1814—1856），本名為奧思定．沙普德萊納（Auguste Chapdelaine），法國天主教傳教士，一八五二年開始在清帝國傳教。當時清廷只允許外國傳教士在五口通商口岸傳教，但聖馬賴進入廣西從事宗教活動，根據《黃埔條約》，如果法國人違反規定進入內陸省分，則清帝國官員有權逮捕，但必須押送給法國領事。聖馬賴被西林縣知縣張鳴鳳逮捕並擅自處死，違反條約規定，間接導致後來的英法聯軍之役。

中產權、小產權的位階是什麼呢？一般來說，在上海居留地建立以前，英國人簽署這些契約時是不會到衙門去登記備案的。其實縣太爺很可能早就知道這些事情了，但是他可以假裝不知道。到了衙門，你就把縣太爺逼到一個「我非得承認我知道有這回事」的地步。那麼，我知道這一回事，有朝一日我的政敵向皇帝稟告說，某某縣官明知有一些沒有戶口的外夷在本地居住，他不但不驅逐，反而在他們的地契上蓋了章，合法地允許他們居住下來，這就太政治不正確了。反過來，我假裝不知道這事，你們是半合法的，而我隨時可以敲詐你們，或者接受你的賄賂。但是皇帝問我是怎麼回事的時候，我可以說「哎呀，我的縣有這麼多人口，我不能樣樣都管到，我疏忽了。」皇帝最多說我怠忽職守，罰我幾個月的工資。怠忽職守的罪行比起政治不正確來說，是微乎其微的事。所以一般來說，英國人是不會到衙門去登記的。那麼問題就來了，沒有在衙門登記過的地契和那些在衙門登記過的地契，它們的法律效力是一樣的嗎？如果說是一樣的話，那就會產生一個問題：有北京戶口的居民，他為了得到這個北京戶口花了很大力氣、出了很多錢，現在看到沒有戶口的居民和自己享受同等權利，一個農民工的子弟可以和我這個有北京戶口的居民享受同樣的權利，人家心裡會不會不爽？不爽的話會不會告訴皇帝，引起各種糾紛？

有地契但是沒有在衙門登記過的情形還算好的，更嚴重的問題是，有些人連地契都沒有，實際上有很多人是賣掉了其實他不見得有權利出售的地方。比如說某地原來是一個蘆葦塘，它不屬於任何一個地主，但是根據口傳而沒有在衙門登記過的說法，它是屬於昆山顧老先生（顧炎武）[17]他們家的。顧老先生本人並不使用這塊地，但是據說自古以來這塊地都是顧家的。顧老先生作為顧家的族長，拿這塊地也沒有任何用處。這等於是說，它按照習慣法是顧家的公產。不過，他也沒有販售這塊土地的意思。直到有朝一日，顧家有一個窮光蛋的族人——雖然顧老先生本人是一個大地主，但是顧家的徒子徒孫有很多都已經是窮而無賴了——看到有一個英國商人來了，覺得是一個冤大頭。我指一指池塘，你給我三十兩銀子，英國商人不知就裡就買下來了，然後把蘆葦塘填掉，蓋了一座房子。顧老先生不知道族裡的公產已經這樣被賣掉了。等他發現的時候，已經有人在那裡蓋了房子，他覺得不對勁。但是他想了一下，「萬里長城今猶在，不見當年秦始皇」[18]，幾寸土地又何

17 顧炎武（1613—1682），明末清初學者、思想家，與黃宗羲、王夫之並稱「明末三大儒」。顧炎武出身自蘇州昆山世族，家族擁有上百畝的土地。在學術上，顧炎武反對宋明理學空談「心性」，主張「經世致用」的實際學問；注重對於經學的考證以及考訂古音，著有《日知錄》、《音學五書》等。

18 清代大學士張英的家人因重修府邸而與鄰居起爭執，寫信給張英要求他替家人出頭。不過張英回覆了一首短詩：「千里修書只為牆，讓他三尺又何妨。萬里長城今猶在，不見當年秦始皇。」家人收到信後，決定把院牆退讓三尺，鄰居知道後也退讓三尺，「六尺巷」因而得名。

妨，再讓一次又何妨。儒家的道理告訴我們，相忍、相忍、相忍。我們本來拿那塊土地也派不上任何用場。如果惹出事端來，對我們顧家也不好。我也就假裝沒看見。那麼遇到這樣的土地怎麼辦呢？後來那個英國商人決定，我的房子要租出去，租給某某洋行，我收一點租金，那麼他有權利出租房屋嗎？這又會引起更多的法律問題。從英國人的觀點來看，大清國可憐地從《大明律》直接刻版下來的《大清律》，在民法方面是極其落後的，財產權的界定非常不清楚，商務方面的規定也極其簡陋，這樣會引起無窮無盡的糾紛。如果我們英國商團根據我們英國的商業習慣法辦事的話，這是再好不過了。但是問題在於，你們大清國臣民一捲進來，你們願不願意接受我們的習慣法的管轄，這又是嚴重的問題；這些問題都要踢到領事的腳底下去。

我們要注意，十九世紀中期的領事還不是一個外交官，但他也已經不像是十六世紀（例如穆罕默德蘇丹進攻君士坦丁堡的那個時代）的領事一樣，就只是一個商團代表而已。我們要注意，這個過程是民族國家脫胎於封建體系、從封建體系當中成長起來、最終取代封建體系的長達幾百年轉型過程中的一部分，而這個過程就是一個十六歲的孩子算不算是大人的問題。其實他已經可以做很多大人的工作了，但是一般認為十六歲的孩子不算大人，因為沒有完全責任能力，至於二十五歲就一點問題都沒有了。但是，還有很多二十五歲的青年為了上大學、讀博士或者做其他事情，還需要家裡的金錢資助，和十六歲的孩子沒有區別。那麼，從十六歲到二十五歲的這個階段，就是一個人從完全依賴父母的小孩子長成完全依賴自己的大人的一個過程。我們不得不承認，這樣的中間狀態是模糊不清的，有些人到二十五歲還不獨立、依賴家庭，有些人在十六歲的時候已經什麼事都自己打理了。從封建體系到民族國家的這個中間階段就是這樣的，按照中世紀封建主義的規矩來說，商人團體自己管事，而自己管的事情包括打架在內。國王陛下願意為你打的架是非常有限且有嚴格規定的。封建契約沒有規定而國王如果願意管，那是國王仁愛、法外施恩，他如果不管的話也是可以的。同樣地，你自己打出來的仗，自己舉行的私戰（封建社會是充滿各式各樣的私人戰爭的），你要把國王扯進來也是很不容易的。英國船和法國船在什麼地方打起來了，經常就是你們自己的私人事情。在法蘭西國王和英格蘭國王看來，這事和私人打架鬥毆的差別不大，自己並非有必要為此動刀、動兵。當然，如果有政治上的需要，你也能夠以詹金斯船長（Robert Jenkins）在打架鬥毆時丟了一隻耳朵為藉口，讓英國向西班牙宣戰（War of Jenkins' Ear）[19]；但是英國國王在覺得沒有必要向西班牙宣戰

19 詹金斯的耳朵戰爭（War of Jenkins' Ear，1739—1748），一場發生於英國和西班牙之間的軍事衝突。十八世紀英、西兩

的時候，即使是同樣性質的打架鬥毆，英國國王是不會出兵的。

這時候的交涉是由誰負責呢？就是由參加打架的那些英國僑民組成的商業團體所選出的領事，以及比如說西班牙駐布宜諾斯艾利斯的總督，和大清國駐廣州的總督打交道。林則徐就對這種體制感到十分的不滿意。你區區一個領事，還不能算是朝廷命官，而我林則徐堂堂一個欽差，是大清國的朝廷命官。如果大清國的朝廷命官要與人交涉，怎麼樣也該與大英帝國的女王或者朝廷命官交涉。按照我大清國的體制，越南國王的品級只相當於兩廣總督，我兩廣總督和越南國王的欽差平起平坐，按理來說應該和大英帝國維多利亞女王的欽差直接交涉才對。你一個商人選出來的領事和我交涉，一個民間人士，品級差太多了。我堂堂一個官，和老百姓打交道已經讓我很不高興了，你們簡直是一幫野蠻人好不好，你們連朝廷體制的尊貴都不理解。《南京條約》對大清國的一個好處就是，女王陛下的政府在條約中表示，女王陛下的政府願意為五口通商地區的領事負責。在《南京條約》簽訂以前，這一點是沒有法定依據的。在這以前，領事是民間團體的代表。雖然他也是英國的臣民，但他並不是大清國理解的那種朝廷命官。雖然一般來說，後來的領事也是從本地的商團或者自治團體中產生的、比較德高望重的、能夠代表本地利益的人，但是女王陛下的政府已經明確表示要替這個人負責了，那麼性質就不一樣了。從官本位的角度來看，這樣的交涉讓大清國的官吏們舒服很多。所以，我們不要相信那些胡說八道的國恥教育。條約能夠簽署，總是出於雙方的需要。大清國本來對這些不知道該找誰負責的交涉很頭痛，現在終於可以找到一個能負責的交涉對象了。

當然，等到十九世紀末，全世界各地的領事出於諸如此類的理由，都被民族國家收編了。我們要注意，一七八九年法國大革命以前，哪怕是英國派到南美洲的領事，在法律上來說都還不是公務員體系的一部分。第一次世界大戰以後，英國在全世界各地的領事，包括派到美國的領事，毫無疑問都是英國外交部的下屬。這個轉型的過程，就是從中世紀領事作為法人團體代表，到現代民族國家領事作為外交官的一個轉型；十九世紀中葉仍是屬於中間狀態。《南京條約》簽署以後，英國駐上海的領事要經過女王陛下政府的認可，但是一般來說，他通常就是本地的一個商人，並不是文官學校出來的。這就是我剛才講過的兩種狀態之間的中間狀態，於是就產生了第一次的「土地章程」[20]。第一次土地章程主要

國在海上競逐商業利益，一七三一年一名英國船長羅伯特．詹金斯宣稱在加勒比海被西班牙官員登船搜掠，並且被割下一隻耳朵。此事件傳回英國後引起輿論關注，即使英國政府無意開戰，但最後還是迫於民意壓力而對西班牙宣戰。

20 一八四五年十一月二十九日，英國駐上海領事巴富爾與蘇松太道（即上海道）的道台宮慕久根據《虎門條約》達成協議，將洋涇浜（今延安東路）以北、李家莊（今北京東路）以南，東以黃浦江、西以邊路（今河南中路）為界的範圍永

是司法性質的，主要處理在居留地住下來的英國業主的土地權利，以及將來如果打官司的話應該怎樣負責的問題。居留地自治的原則產生出英國女王願意買單的領事（但當時的領事還是自己選出來的，就像阿禮國[21]這種人，你們選出來以後女王再批准一下），以及女王沒有買單的商業團體、業主會議、道路碼頭委員會會議。關於這些會議，有些是當地居民的自治團體，有些則是商業公司，我們湊了一些錢，想賺點錢，在本來沒有路的地方修一條路，修一條路的目的是為了賺錢，過路的人要交過路費；或者是修一座橋，修一個碼頭，過橋的人交過橋費，利用碼頭的人交碼頭費，這樣我們就賺錢了；所以我們道路碼頭委員會就是一個商業公司。

而從大清國官吏的角度來看，你們純粹是民而不是官。我們的交涉對象只有領事。從英裔居民的角度來看，領事和各委員會都是我們自己選出來的。女王陛下對我們的權威就像女王陛下對皇家學會[22]的權威一樣。理論上皇家學會是皇家的學會，但實際上皇家學會是完全自治的。你不能設想，皇家學會的科學家在開會的時候，女王陛下會真的對他們下一道指令說，「你們必須在牛頓爵士先進思想的領導下辦事，凡是和牛頓爵士意見不一致的科學學說，你們都要把它打成反動學說」。這是不可能的。女王陛下說她是皇家學會的主人，但這只是一個榮譽，讓你們掛著女王的面子，讓皇家學會很有面子而已，你們的內部事務完全是自治的；通過第一個土地章程建立起來的上海居留地就是這樣的自治組織。從他們的角度來看，領事和其他委員會的主席一樣，都是他們的自治機構，女王對這些自治機構的權力是純屬象徵性的。但是大清國的官吏和與他們交涉的吳越官商、官紳以及後來發揮更重要作用的閩越和南粵的會黨商團，對此的看法是不一樣的，雙方對於司法自治的理解是非常不同的。產生自己的領事、委員會和公司的這些人，就是上海自由市的第一批原住民。當然，他們絕大部分是英國人，另外一些則是美國人和歐洲人，他們建立的自治機構是近代城市上海真正的起源。

久租給英國，供英國人在此長期居留、經商，並允許英國人設立自治性質的市政機構（如道路碼頭委員會）。清英兩國對於租借地的畫分感到滿意，因為清廷認為這塊租借地位於上海縣城以北的偏僻地帶，有利於「華洋分隔」，而英國則看中這塊租借地在軍事戰略和商務活動上的潛力。

21 阿禮國（Sir John Rutherford Alcock，1809—1897），十九世紀英國駐清國、日本領事，一八四八年發生青浦教案，阿禮國與道台麟桂簽訂條約，使英國在上海的居留地範圍獲得擴充，增加了近兩千畝的面積。

22 皇家學會（Royal Society）成立於一六六〇年，宗旨是促進自然科學的發展，獨立運作而不須對任何部門負責；自一六六三年查理二世簽署王家特許狀後，歷任英國君主皆是學會的保護人。

二、上海自由市初期的外交和憲制

繁榮的地基：上海土地章程

一八四五年的第一個土地章程，奠定了上海自由市的根基。它從歷史和法律的角度來講，都跟簽署《大憲章》的英國貴族以前與英國歷屆國王在登基時簽署的那些契約非常相似。這也是為什麼土地章程後來被上海人稱為《上海的大憲章》的原因。但是我們要注意，《大憲章》並不是第一個憲章，它是長期發展而來的，是歷屆英國國王跟歷屆貴族和議會簽署的眾多契約的一個象徵性總結。並非只有《大憲章》才是憲法性質的文件，在《大憲章》之前和之後還有很多諸如此類的文件，構成英國憲法史的一個動態發展的過程。土地章程也是這樣的。一八四五年的土地章程的歷史意義在於它是第一個土地章程，但它並不是最後一個、也不是最重要的土地章程。它開啟了上海自由市發展的起點，這個起點是以英裔移民為主的第一批上海開拓者，這個業主的團體隨著新的契約的簽署還會不斷擴大。因此，上海的憲法也像英國的憲法本身一樣（可以說上海的憲法是子憲法，而英國的憲法是母憲法），是一個不斷動態發展的過程。

一八四五年的第一個土地章程簽署以後，首先出現的機構是業主在兩次會議當中通過而成立的兩個自發性組織。第一個組織是公墓委員會（Committee of the Shanghai

Cemetery）。因為居民點的形成自然而然就會有人生、有人死，死去的人要安葬，所以業主們就召集會議，成立一個公墓委員會。第二次會議成立了一個道路碼頭委員會（Committee of Roads and Jetties），以適應商務的不斷發展和城市的不斷擴大。這兩個委員會是互不從屬的，而且性質上來講和大多數英國自治市的類似機構一樣，是中世紀封建主義行會性質的。它有自己的行業規範和守則，這些行業規範和守則也像習慣法本身一樣是不斷生長的。它跟其他類似的行業組織之間的關係是互不從屬的，儘管它們都產生於同一個業主團體。從後來的發展來看，道路碼頭委員會變得越來越重要，因為上海是一個重要的商業城市，最後變成了「工部局」的雛形；而公墓委員會發展不大，雖然隨著人口的增加，管理範圍自然是擴大了，但是性質上來講仍然跟最初的規模

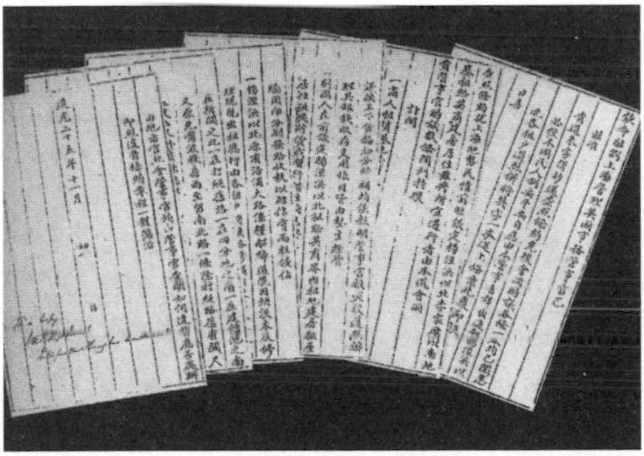

一八四五年《上海土地章程》 鴉片戰爭結束後，清英雙方於一八四二年簽訂《南京條約》，開放上海作為通商口岸。但兩國國民很快就因為貿易而衍伸出財產、土地權等問題，使得清英雙方又於一八四五年簽訂《上海土地章程》，明確劃定一個範圍供外人長期居留、從事貿易，並在區內享有司法權，被視為上海自由市的起點。

差不多。但是這一點在兩個委員會最初成立的時候，大家都是看不出來的；而且從時間上來講，公墓委員會還更早成立。

第一個土地章程時代的上海自由市，我們可以把它比喻為邦聯議會[1]統治時期的美國。在費城制憲會議通過美國憲法加強了聯邦的權力以前，邦聯議會統治的十三州是一個極其鬆散的組合，沒有我們今天在美國聯邦政府看到的那些政府機構。同樣地，一八四五年土地章程成立的上海自由市也缺乏後來上海自由市的主要機構，尤其是著名的工部局。工部局是什麼呢？就是上海市政委員會或上海市議會。它是對上海自由市的管理實施整體性負責的機構，就像後來的聯邦政府和它的三權機構一樣。工部局是一八五四年土地章程通過以後才成立的新機構[2]，在一八四五年土地章程當中沒有依據，而且事實上也沒有成立。

在這個時期的上海出現的就是一系列業主自治性質的機構，最早出現的就是我前頭提到的公墓委員會和道路碼頭委員會。這些機構互不從屬，沒有一個整體的市政府或者諸如此類的機構來約束，它們都是各自對投票選舉它們的業主負責的。在這種鬆散的狀態之下，上海自由市和在它對面的清屬吳越的上海縣城各自順著自己的道路發展下去。上海自由市看上去就像是一個中世紀的英國或者歐洲的封建城邦，它從英國女王和大清皇帝那裡贏得了自治權，就像是漢堡或者其他什麼城邦從神聖羅馬皇帝或者從英格蘭國王那裡贏得了相應的特許權，之後就滿足於按照自己的習慣法處理相應的事務。公墓委員會是無利可圖的，而道路碼頭委員會則是越來越有利可圖，越來越需要具有前瞻性和開拓性。但是這一切都是自然而然漸進發展的，當事人並不覺得情況會有什麼變化。

與此同時，在上海自由市對面的清屬上海縣城，政治風暴正在凝聚起來。清屬上海縣城，第一，從政治上來講，它是吳越的一個縣城，它的大部分居民是吳越人，跟蘇州、湖州、常州沒有區別；但是第二，人口的絕對數目的多少並不能說明政治影響力的大小。首先，清國在它征服明國所得到的那些殖民地實行了從明國繼承下來的那種流官制度，它不允許本地的士紳直接擔任本地的地方官，這樣就自然而然削弱了吳越人在上海縣城的勢力。其次，即使同樣是民間團體，上海縣城的情況跟蘇州和湖州又有所不同。在蘇州和湖州，雖然吳越士紳要向清國派的那些流官做出相當大的讓步，但是在官府和縣衙門以外，

1 邦聯議會（Congress of the Confederation）是美國於一七八一年三月一日至一七八九年三月四日間的統治機構，由各州立法機構任命的代表組成，每個州有一個投票權。美國憲法施行後，邦聯議會被美國國會所繼承，原本鬆散的邦聯體制也轉為由聯邦政府所領導的聯邦體制。

2 為了因應租界日漸複雜的局勢，英國領事阿禮國提議法國和美國代表與英國共同簽訂協議，建立一個統一的行政機構；一八五四年七月八日，三國領事共同發布《上海英美法租界土地章程》；十一日，依據新修訂的土地章程，由上海租地人會選舉產生首屆工部局。

社會上勢力最大的就是吳越士紳了。無論從儒家價值觀的權威來講，還是論財力和組織力量來講，趙景賢[3]這樣的人肯定就是除了大清國的湖州知府和江蘇巡撫以外在當地最有勢力的人物。但是在上海縣，情況就不是這樣。論人口比吳越人要少得多的南粵人、閩越人和滿洲人，甚至是齊人，他們的勢力都比本地的士紳要大一些，其中最明顯的就是強大的南粵和閩越幫派組織。

這跟上海縣城本身的地位有關係。上海縣城雖然不是大運河所經過的地方，但它是海運的起點，而海運的路線自蒙古帝國以來一直跟穿越山東高地的大運河形成直接的競爭關係，在滿洲殖民統治時期自然而然形成了兩個相對立的組織。第一是以滿洲利益集團為核心的沙船[4]幫。他們是海運的經營者，他們的運輸路線從營口（要注意，在旅順和大連開港以前，滿洲的主要港口就是營口）駛向上海，把滿洲的大豆、農作物和其他物產運到吳越來；第二條路線就是眾所周知的大運河。沙船的商運掌握在沙船幫的手裡，沙船幫來往於上海和營口之間，在上海縣城內有強大的勢力和組織；而漕運的水手則成立了自己的漕幫。

漕幫信奉羅教[5]。他們一方面是帝國必不可少的交涉對象，沒有他們就沒有辦法平安地運輸漕船；另一方面又是帝國最恐懼、最忌憚的那種類似天地會的幫會組織的源泉，它跟後來的青幫有著千絲萬縷的聯繫。羅教所謂的前三祖（金幼孜、羅清、陸逵）跟反清復明的勢力有相當密切的聯繫，後三祖（翁宕、錢堅、潘清）以「口外朝佛」為藉口，去尋找準噶爾的可汗和圖博的喇嘛，企圖跟他們結成聯盟，共同反對滿洲皇帝。他們一去不復返，很可能是被滿洲皇帝的代理人暗殺了，或者在路中遭到滿洲官兵的攔截；但是在漕幫內部，他們始終是最高的權威。沿著大運河一線，到處都有羅教的神廟，而羅教的神廟是漕幫慈善福利活動的組織中心，水手們一路在那裡得到免費或低價過夜，一路遇上什麼意外事故也都在當地的神廟求援。

這兩個組織的經濟利益是截然矛盾的，漕運興則海運衰，海運興則漕運衰。漕幫不僅在沿著大運河的港口有著自己的組織和代理人，而且在吳越三角洲的主要城市（其實這些城市並非瀕臨大運河，例如嘉興這些城市）都有自己的代理人。這些代理人往往是拿了漕

---

3 趙景賢（1822—1863），出身為湖州府世家大族，曾於一八四〇年鄉試中舉，任內閣中書一職；一八六〇年太平天國忠王李秀成率兵圍困湖州城，趙景賢組織鄉勇抵抗，兩年後城陷就義。

4 沙船是一種歷史悠久的中國帆船，由於船底平、吃水淺，常航行於長江流域以及北方的沙岸沿海，因而得名「沙船」。平日用作運輸，戰時則被徵用為運兵船。

5 羅教，又稱無為教，由明代漕運運糧軍人羅清所創立。該教主張尋求人心本性的覺悟，反對外在的宗教儀式；會堂分布於南北各地，擁有廣大的信眾（主要為運河水手），因與反清復明的勢力有關係而遭到清朝廷的取締和打壓，並被指斥為邪教。

幫的錢，在當地從事某些投資活動，而這些投資活動也為漕幫的弟兄們提供了就業機會。在上海，他們也有這樣的組織。因此，他們經常跟沙船幫鬥毆。

然後就是煙台水手和商人跟天津商團組成的聯合組織，他們使用衛船[6]，主要基地就是齊國的海岸線。他們的勢力比起滿洲的沙船幫來說微弱得多，在政治上通常也依附於沙船幫而跟漕幫作對。再往下是寧波的商團，他們是吳越沿海地區的商團，跟蘇州的商人通常是不和的，在一八四五年，他們在上海縣城的勢力是比較薄弱的，而且也不太擅長打架。接下來是比他們更加強大的閩越商幫，他們的船隻被吳越人輕蔑地稱之為「三不像船」[7]，但是他們內部的團結性和好戰性比起寧波幫要強得多。最後是最可怕的組織，曾經產生出天地會的南粵幫會，其中就包括劉麗川的小刀會[8]。

太平天國與小刀會之亂如何影響自由市？

一八四五年以後，由於滿洲帝國的財政緊張，以及上海縣城（從滿洲官員的角度來講）十分倒楣地正好跟可怕的上海自由市做了鄰居，各種交涉十分難處理，而且需要的知識範圍大大超出了儒家傳統教育和滿洲帝國官場經驗能夠給他們提供的範圍，很多人由於辦理夷務，既得罪不起洋人又得罪不起皇上，最後兩頭都不討好而丟了官。所以，最後這個官職落到了一個南粵商人吳健彰[9]的手裡。一方面，滿洲官場和江蘇巡撫認為，這樣不

---

6 「衛船因源出於天津衛河一帶而得名，民國《上海縣誌》載其船型較沙船小，主要從事上海至天津地區的漕糧海運，專走山東各埠往來貿易，至光緒以後，船隻漸少至百餘隻。」單麗、馬琳：《元明清時期上海沙船航運業的發展與變遷》，航海，2014(2)。

7 「三不像船始建於清初，是為承運附件木材而對『釣船』進行的改製，多行於北洋用於上海至天津的海漕運輸。」單麗、馬琳：《元明清時期上海沙船航運業的發展與變遷》，航海，2014(2)。

8 一八五〇年，怡和洋行通事陳慶真在廈門將民間組織小刀會改成天地會的分支，後傳入上海等地。一八五三年，上海小刀會高舉反清旗幟，起初聲勢浩大，攻進並占領上海縣城，殺知縣袁祖德、俘虜道台吳健彰，並建立「大明國」，劉麗川自任「大明國統理政教招討大元帥」。但隨著情勢轉變、清廷與西方列強（特別是法國）的利益交換，最後清軍在法軍的協助下，平定小刀會叛亂。

9 吳健彰（1791-1866），廣東香山人，外國人又稱其為「爽官」（Samqua），出身當地的買辦商人家庭。一八四五年初，吳健彰將廣州的生意轉讓給英商，來到開埠不久的上海，在官場納錢捐得候補道位置。後因參與處理一八四八年青浦教案有功，於一八五一年被委署蘇松太道，又兼江海關監督。歷史學者梁元生在著作中指出：「吳健彰的提升標誌著夷務開始成為一項重要的行政職責和任命道台的一個標準，其原因主要是由於對外貿易迅速增長和外國團體在滬勢力的急劇擴大。日益增長的外部壓力和需求伴隨著外交和語言人員的短缺，這為被外國人稱為『爽官』的吳健彰造就了一個極好的機會。他懂英語，被他的上司看作是自己最有價值的財產，但實際上他的英語水準並不會太好，也許比洋涇浜英語（編注：指中式英語）要好一些。但雖然如此，還是如費正清帶諷刺意味所寫的那樣：『他大概對外國人說英語要比他對自己的上司說mandarin要多。』」參見梁元生：《上海道台研究——轉變社會中之連絡人物，1843-1890》，上海古籍出版社，2003，第49-50頁。

討好的差事讓低賤的商人去處理是最恰當的；第二，這個商人有長期辦理洋務的經驗，他自己會說英語，而且跟一家美國公司在上海辦了一個合資企業，這種人照林則徐的說法就是「了解夷情」，適合辦理跟夷務有關係的事務，例如做上海道台。同時，還有另外一個好處：如果出了問題，我們可以迅速地把責任扣在他的頭上，他也只不過是一個商人而已，撤了他的職，一切都是他的錯，這樣我們就完全正確了。

吳健彰這個本來是商人出身的人，他不是科舉出身，但是捐了一個官，使自己具有任官資格。這對於滿洲帝國的商人來說是非常常見的做法。你作為區區一個商人，在衙門面前的地位還不如范進這樣一個窮書生。一個秀才見了官，縣官還要對他以禮相待，不能打他的屁股。想要處置他，還需要請示一下，革去他的功名。如果革不掉他的功名的話，你還處理不了他。而商人根本就沒有功名，也就是說沒有學歷。無論他多麼有錢，從理論上來講到了衙門都是隨時可以被打屁股的。商人自然不高興隨時被打屁股，因此他們往往要捐一個官，捐一個官就是花錢買官。花錢買官的人有很多都是真正為了做官的，但是也有一些成功商人買官的目的是，所謂的紅頂商人就是給自己加一個紅頂，以後我也是一個有功名的人了，縣太爺以後就不能隨便打我了。我並不想放棄有利可圖的生意，去做你那個工資也沒多高的候補官員，但是我要想辦法讓自己在政治上有資格跟你平起平坐，所以我就索性出這筆錢買了一個空頭官職，並不是想真正做官。

吳健彰最初也是這種情況，但是後來出於上述的原因，滿洲官場認為他老人家出來做上海道台十分合適。而他自己願意做的理由也是因為他在上海這一帶有生意，在上海自由市又跟美國人合夥做生意。如果自己做了上海道台的話，官商勾結一下，對他十分有利。而且，他還有一個民間的身分，在他名下還有很多走私貿易團體，平時這些人不太有機會發揮，如果他們的老闆自己就做了上海道台的話，那他們就可以明目張膽地搞走私活動了，大家都可以發一筆大財。於是，雙方一拍即合，他就做了上海道台。

這時，粵軍長驅直入，已經打進了南京城[10]。吳越各地風聲鶴唳，紛紛辦理團練自保。吳健彰就決定從他自己最信任的南粵老鄉那裡組織一支團練武裝，負責保衛他。這一點自然而然激怒了在當地人口占多數的吳越人。吳越人派他們的士紳代表來找道台大人，提醒他說：「吳越人是主，南粵人是客，應該是客隨主便，為什麼你辦理團練時淨找自己的老鄉而不找吳越人呢？」道台回答說：「你們吳越人的戰鬥力值得懷疑。自古以來講究

10 指一八五三年三月十九日，太平天國軍隊攻陷南京一事。隨後太平天國以南京為根據地，展開對清帝國的北伐與西征行動。

的都是以夷制夷。如今粵軍蜂起，他們跟蠻夷是沒有什麼區別的。你們吳越人太文明、太書生氣了，打不過南粵人。如果你們打得過的話，就不會讓洪秀全坐進南京城了。所以事實證明，只有南粵人才能打南粵人，正如漢帝國只能用南匈奴來打北匈奴[11]一樣。我把你們武裝起來，你們能打嗎？恐怕是不行吧。我招募一批南粵親兵、衛隊和團練出來，不是比你們能夠更好地保衛上海縣城嗎？你們不要跟我講空話，我是辦實際事務出身的人，誰能打誰不能打我心裡有數。」

於是，他就我行我素地招募了一批由南粵人組成的親兵和團練，來保衛上海縣城的安全，準備依靠這些人來抵抗粵軍的進犯。同時，他也沒有忘記在這些衛隊當中安排他自己的走私團夥的一些人進去，用這些衛隊來保衛他自己的走私活動。在他看來，這真是非常絕妙的安排。然而事後證明，他招募的這些團練和衛隊，其主要成員就是小刀會的成員。小刀會跟太平軍不是同一個系統，所以以夷制夷的做法在某種情況下並非一定能成功。吳健彰作為一個商人，他低估了上海形勢的複雜性，也低估了他最信賴的那些南粵老鄉的野心。

這些人在召集過來以後的最初階段是曾經認真保衛過他的，使得上海的治安一度比太平軍威脅下的吳越各地要好得多。但是最後，這些人在他們的地下首領劉麗川的指揮之下看到，道台在軍事上已經完全依附於他們了。而且，道台並不能完全管住上海的局勢，因為還有上海知縣。上海知縣跟上海道台不合，他認為上海道台的這種做法是只顧自己的私利而不顧帝國的利益，而且也違反了儒家的倫理價值觀，於是就開始搞破壞了。而道台出於官場上的遊戲規則，並不能夠真正把知縣怎麼樣。他們就斷定，與其依附這個太軟弱的兩面人道台，還不如一股腦地把上海的政權全都拿到自己手裡面，於是他們就發動了政變。

這次政變就是著名的小刀會叛亂。他們奪取政權以後，直截了當地殺掉了跟他們作對的那個上海知縣，但是把他們原來的主人和保護人——上海道台放掉了。一方面，他們自己本來都是南粵人一家親。另一方面，道台本人，我們不要忘記，他也是一個美國公司的合股人。美國公司派人來要求小刀會放人，而小刀會也樂於給美國人做一個人情，於是就把他交給了美國人。可以說，在粵方和美方的合作之下，他就這樣順利地、毫髮無傷地溜到了上海自由市。當然，清軍不能夠容忍上海縣落入小刀會的手裡面，於是就模仿對付南京城的洪秀全的手段，在江南大營和江北大營[12]圍攻南京的同時，設立了南營和北營來圍攻上海縣。

---

11 西元四十八年，匈奴分裂為南北兩支，留在蒙古高原的被東漢稱為「北匈奴」，隨著呼韓邪單于南遷移居河套地區、依附於東漢的被稱為「南匈奴」。西元七十三年至九十一年期間，東漢與南匈奴多次合作，攻伐北匈奴。

12 為了鎮壓太平軍，清朝廷將綠營官兵集結於南京城東邊（當時為太平天國首都），組江南大營；另於位於長江北岸的揚這樣一場戰爭，給上海自由市帶來了極大的外交和經濟方面的挑戰。首先，上海自由市成立的初衷是，清國官員不高興讓英裔居民雜居內地，增加他們管理上的困難和製造各種法律上的糾紛，自由市的成立替他們解決了非我族類雜居內地的很多麻煩。因此雙方簽署的第一個土地章程規定，上海自由市屬於英裔居民，清國臣民原則上來講無權在上海自由市居住。事實上，在小刀會叛亂以前的上海自由市，清國臣民的數目大概也就只有五百多人。這五百多人當中，大部分都是傭人和清潔工。

但是小刀會叛亂一起，就有大批難民從清屬上海縣城逃入上海自由市，無視當時的正式法律，搭著帳篷露天住宿，情況十分可憐，以至於著名的傳教士——墨海書館的創始

地下幫派小刀會的實貌　一九九二年香港電影《英雄地之小刀會》上映，描述小刀會成員救國救人、抵抗帝國主義的故事。然而，電影對小刀會的描述並不符合史實。事實上，小刀會是非法的南粵幫派，趁太平天國之亂時跟著叛亂，占領上海縣城並殺害官員，最後清軍在法軍的協助下，才順利攻下上海縣城，平定小刀會之亂。

人麥都思[13]發動了一場基督教會的救濟運動來幫助他們。這種情況正是敘利亞戰爭爆發以後，敘利亞難民逃到歐洲時發生的事情。儘管他們根本不應該來，但是出於人道主義，他們還是來了。而教會在救濟他們的同時，房地產商人也看出了機會。如果我們蓋一批臨時住房來給他們住的話，他們當中有很多是原來的士紳和商人，是很有錢的，他們是願意付出高額房租的。難民來得越多，我們收到的房租就越多。於是，上海的房地產生意在這一時期開始發達起來了。

但是，這樣做就跟第一個土地章程的規定發生了衝突。這樣做的結果是，業主委員會召開會議，邀請英、法、美三國領事出席，討論上海將來的前途問題。討論的結果是通過了一八五四年土地章程，並且修改了一八四五年土地章程的規定。一方面是放寬了上海自由市的入籍條件，另一方面也放寬了上海自由市的居留條件。前者主要是對英、法、美三

州建立江北大營。兩個軍事機構最後都被太平軍所摧毀，使得清朝廷不得不依靠以漢人為主的湘軍和淮軍，顯示中央已逐漸失去對地方的控制權。

13 麥都思本名為沃爾特・亨利・梅德赫斯特（Walter Henry Medhurst，1796—1857），英國傳教士、漢學家，早年曾在麻六甲、檳城等地傳教，並印製中文書籍、研究中國歷史與文化。一八四三年抵達上海，與其他傳教士創立墨海書館，出版中文書籍並將《聖經》翻譯成中文；他亦擔任工部局第一屆董事。

國出身的移民以外的其他歐美居民，使這些在條約體系上沒有身分的人（例如猶太人、希臘人、丹麥人、普魯士人）也有機會獲得業主的資格；放寬居留權這一點主要就是針對吳越難民。最初是上海難民，後來在李秀成攻陷蘇州以後就變成了吳越全境的難民。這些難民往往是相當有錢的，但是從政治上來講他們跟歐裔居民不一樣，並不適應歐洲式的管理體系，因此他們沒有資格享有政治權利。但是可以基於人道主義和經濟利益，允許他們享有居留權。這一點，就把上海自由市從一個歐洲城市變成了一個所謂的華洋雜處的城市[14]。

最後，一八五四年土地章程還授權業主，隨著形勢的改變和經濟生活的進步，成立對上海全域負責的管理委員會。這個管理委員會成立以後，就被稱為工部局。工部局以後就是上海自由市政治的重心了，以至於大家提到上海的時候首先就想到工部局。這樣的憲法改革，使上海自由市在粵滿戰爭[15]時期，第一，有了一個堅強的領導中心；第二，相應的也能夠掌握微妙的外交形勢，為自己贏得最大的利益。我們前面提到過，滿洲軍隊設立了南北二營以圍攻上海縣城。控制上海縣城的粵軍和圍攻上海縣城的滿軍彼此勢不兩立，而他們自然而然對於宣布武裝中立的協力廠商——上海自由市處在依附地位。

自衛的民團「上海義勇軍」

戰爭剛剛爆發，上海自由市就宣布中立。但是中立不意味著不做生意，尤其是軍火生意和糧食、蔬菜之類的買賣。俄國作家岡察洛夫，也就是《奧勃洛莫夫》和《懸崖》這兩部著名小說的作者，乘著巴拉達號三桅戰艦經過上海的時候描繪說，無論是吉爾杭阿[16]和吳健彰的官軍，還是劉麗川的小刀會軍隊，雙方的命運都掌握在上海自由市的商人手裡，因為他們的軍火和日常生活用品都是由這些商人供應的，當然這些商人也發了很

---

14 可參考盧漢超《「上海土地章程」研究》中的描述：「太平軍及小刀會占領（清屬）上海縣城後，大量清國人湧入租界。在《一八五四年土地章程》（編注：此為第二次《十地章程》）制定時，英租界約有清國居民二萬人。第一次《土地章程》中華洋分居的規定自然消失，而默認了『華洋雜居』的事實。」引自譙樞銘、楊其民、王鵬程、鄭祖安、盧漢超，《上海史研究》，學林出版社，1984，第107頁。

15 即太平天國之亂（1851—1864），由於領袖洪秀全籍貫廣東，其他將士也大多來自兩粵地區（即廣東、廣西），被清廷稱為「粵匪」，故又稱「滿粵戰爭」。該戰爭是人類史上傷亡最嚴重的戰爭之一，總計死傷七千萬人，對清帝國的人口、經濟產生極大的衝擊。不過，吳越地區的人民為求安身立命，大量湧入當時的上海自由市尋求庇護，卻也意外導致上海自由市的富裕和繁榮。

16 吉爾杭阿（?—1856），滿洲鑲黃旗人，曾任江蘇巡撫，於一八五五年平定小刀會叛亂並收復上海縣城，但隔年在與太平軍交戰時中彈而死。

大的財[17]。

兩相比較的話，由於上海縣城處在被圍困的狀態下，所以實際上粵軍得到的利益更大一些。如果上海自由市跟他們斷絕貿易的話，他們會餓死在這裡面的，更不要說沒有槍枝和子彈。而滿洲軍隊，至少從理論上來講，如果他們不到上海自由市去買槍枝或其他物資，第一，滿洲皇帝還是有義務給他們供應一些物資的；第二，他們還可以到別的地方去買，因為他們並不處在被包圍的狀態。但是從形勢上來講，上海自由市履行了中立的義務，雙方要做買賣都可以，要幫忙則是誰也不幫。

但是接下來發生了一些事件，使得上海本身的安全出了問題。上海的歐裔居民是習慣於散步和打獵、從事他們在歐洲的祖先習慣的那些各種活動的，但是現在這些活動受到了嚴重的阻礙，因為在兵荒馬亂的情況下，交戰雙方的軍隊紀律都不太好。這一次事件又跟我們前面提到過的傳教士麥都思有關。麥都思有一次在上海自由市的郊外騎馬的時候碰上一些清軍的遊兵散勇，因為語言不通而發生了爭執，還差一點被打。這次事件就變成了上海自由市加強邊防的導火線，也變成了泥城之戰和北門之戰的導火線[18]。

事實上，這次事件本身並不重要，只是一次偶然的小事，但是在此之前，類似的小糾紛已經發生過很多次了。清軍統帥吉爾杭阿雖然從理論上來講禁止士兵的違紀行為，但實際上也是屢禁不止的。更重要的是，清軍和粵軍的兵營都處在發射流彈就能夠打到上海自由市境內並打死、打傷人的狀態。但是按照原先的土地章程所畫定的邊界來講的話，他們並沒有侵犯上海自由市。上海自由市在一八四五年的邊界是為了商務的方便而畫定的，並不是為了軍事防禦的方便而畫定的，它沒有預見到以後會發生戰爭。在發生戰爭的情況下，這條邊界是無法據守的。於是，上海自由市就抓住這個機會，動員了上海義勇軍（Shanghai Volunteer Corps）[19]；這是上海義勇軍第一次登上歷史舞台。

---

17 岡察洛夫（Ivan Goncharov，1812—1891），俄國作家，曾於一八五二至五五年間擔任海軍中將葉夫菲米·普佳京的祕書，隨他航行至英格蘭、非洲、日本、中國等地，目睹並記錄了當時的太平天國之亂和小刀會叛亂。關於文中岡察洛夫對於小刀會叛亂的描述，請見岡察洛夫：《巴拉達號三桅戰艦》，黑龍江人民出版社，1982，第452-458頁。

18 一八五三年三月太平天國攻占南京，為防止太平軍進一步攻占上海自由市，在英、美、法領事的倡議下成立上海義勇軍，並且在清國與太平天國之間奉行中立政策。同年九月，另一叛亂組織小刀會攻占上海縣城，清軍欲借道上海自由市以鎮壓小刀會，被上海自由市當局拒絕。為防止清軍入侵，上海自由市還將邊界河流拓寬為護城河（泥城浜）。一八五四年四月，清軍與上海義勇軍發生武裝衝突並於泥城浜交戰，而占據上海縣城的小刀會也藉機襲擊清軍，導致清軍慘敗，史稱「泥城之戰」。參見韓洪泉《「泥地上的戰鬥」：一八五四年的上海泥城之戰》，文史天地，2017(4):12。泥城之戰結束後，上海道台吳健彰造訪英國領事館並提出利益條件，換取英、美、法支持清軍鎮壓小刀會。一八五五年一月，法軍砲轟上海縣城，清軍終於攻進縣城。

19 上海義勇隊（Shanghai Volunteer Corps）成立於一八五三年，當時為預防太平軍侵入，由英、美領事組織成立的外國僑民民兵武裝。一八五四年泥城之戰成為上海義勇隊成立後首次參加的戰役。此後在四明公所事件、上海光復、五卅運動、

①

②

③

各國組成的上海義勇軍　為了避免太平天國之亂波及上海自由市，一八五三年市民們自發組織武裝民兵團。初期成員大多為英國僑民（圖1），隨著組織擴大，葡萄牙（圖2）、日本（圖3）、普魯士（圖4）等國的僑民也紛紛加入。上海義勇軍參與過大大小小的戰役和任務，如泥城之戰、五卅運動、一二八事變等，保障了上海自由市的經濟繁榮。

④

上海義勇軍被清國方面翻譯成「萬國商團」，因為上海自由市的居民是由不同來源的歐裔移民組成的，所以在他們看來就是「萬國」；之所以稱為「商團」，是因為參加義勇軍的主力往往是比如說怡和洋行[20]的大班[21]、職員等諸如此類的人。但是從歐洲憲法的角度來講，他們很顯然就是一支古希臘式的志願軍。這支志願軍根據條約權利，可以要求英、法、美的海軍戰艦前來保衛他們的武裝中立；他們主要是由上海自由市的歐裔居民——也就是有權選舉工部局議員的這批第一代業主所組成的。業主保衛自己的財產，資產階級保衛自己的財產，是歐洲（特別是英國）憲法的基礎；這一點在上海自由市表現得非常清楚。

上海義勇軍動員起來以後，它所要做的事情就像近代的以色列人修建隔離牆和占領戈

「一二八」事件、淞滬會戰等重大歷史事件上，上海義勇隊都曾出勤。一九四一年，日軍進駐上海公共租界；一九四二年，日本控制下的上海公共租界工部局下令將該團解散。

20 怡和洋行（Jardine Matheson，舊名為渣甸洋行），由威廉・渣甸創，是一間歷史悠久的英資洋行，也是東亞最大的英資財團，對於香港、上海早年的經濟發展有重要影響；該洋行以進出口貿易起家，今日則跨足房地產、金融、航運、建築等產業。

21 大班是粵語詞彙，最初指十九世紀至二十世紀初在中國或香港活動的外國商人，特別是那些悠久的貿易公司的負責人或高層，例如怡和洋行創辦人威廉・渣甸就是當時知名的大班；今日則指任何出身的企業高階經理人。

蘭高地[22]的時候所做的事情一樣。戈蘭高地在以色列的法定領土邊界之外，但是它處在無論對以色列的加利利平原、還是對敘利亞的大馬士革，都是居高臨下的位置。如果以色列占領這塊地方的話，對軍事安全是有保障的，儘管它在法律上來講不能算是以色列的領土。以色列現在修建的隔離牆也是這樣的，它並不位於一九六七年邊界[23]、綠線[24]或者任何其他邊界上，它是根據軍事安全的需要所修建的，跟任何法律上的邊界都不重疊。上海義勇軍就是企圖利用衝突事件以及清軍和粵軍都沒有能力維持軍紀的事實，單方面採取了以色列式的行動，為自己修建了一道保衛上海安全的隔離牆，而這道隔離牆的大部分像以色列的隔離牆一樣，是位於上海和以色列的法定領土之外的。實際上，它不是一條法律上的邊界，而是一條軍事部署的臨時分界線[25]。

但是，要做到這一點，就必須拔掉粵軍和清軍的幾個重要據點，因此就爆發了泥城之戰和北門之戰。上海義勇軍先打清軍，這就是泥城之戰，把清軍打跑了。清軍之所以很容易被打跑，是因為當上海軍隊進攻清軍軍營的時候，占據上海縣城的劉麗川的粵軍發現清軍就要倒楣了，於是立刻從他們背後發動進攻。清軍腹背受敵，自然是不敢戀戰，迅速走人了。接下來，北門之戰的時候就輪到粵軍了。這一次，上海義勇軍進攻粵軍的據點，而上一次倒了楣的清軍發現敵人被洋人打了，立刻就找到了報復的機會。於是他們就在上海義勇軍進攻粵軍據點的時候，在粵軍背後發動進攻。這一次輪到粵軍發現自己腹背受敵，不撤不行了。

由於清軍和粵軍都把對方當作自己最大的敵人，而把上海自由市看作是可以統戰和爭取的對象，所以他們都不太敢打上海義勇軍，反而熱衷於利用上海義勇軍來打擊他們的敵人。結果自然是，上海方面得到了最大的利益。他們所策畫的隔離牆在此之後就迅速地修

---

22 戈蘭高地（Golan Heights）位於敘利亞西南部、以色列東北部，居高臨下，極具地理戰略價值。目前，戈蘭高地在名義上為敘利亞領土，但實際上由以色列所管轄。

23 一九六七年第三次以阿戰爭（又稱六日戰爭）結束後，以色列獲取加薩走廊、西奈半島、約旦河西岸以及戈蘭高地，領土大幅擴張。一九七八年以色列和埃及簽訂《大衛營協議》後，將西奈半島還給埃及。不過，巴勒斯坦至今仍要求以一九六七年第三次以阿戰爭發生前的邊界作為國界，並要求以色列撤出當地。

24 一九四九年第一次以阿戰爭結束後，以色列與埃及、約旦、敘利亞、黎巴嫩根據停戰協議所畫定的分界線，該線並不是國界線，也不具永久性質，只是一條停火線。

25 這條臨時分界線，可見下面的描述：「所謂防禦工事，便是除了在租界四周築柵以外，並在洋涇浜（今延安東路）和蘇州河間，沿泥城浜（今西藏路）的地帶，掘一闊壕以連貫之，障以土壘，以防租界從西面被襲攻。它的直接效果，可使英租界包括於一較大的警衛區以內。此項防禦工程旋即自南而北，開始建設；其壕即名護界河（Defence Creek）。而新成立的義勇隊亦經聘定前印度孟加拉第二步槍軍團都司屈隆菘（Captain Tronson）為隊長，積極訓練；所需軍火都由英船孟買號（Bombay）運來，大約於是年年末時，裝備較好的來福槍。」蒯世勳編著，《上海公共租界史稿》，引自《上海公共租界史稿》，上海人民出版社，1980，第327-328頁。

建了起來，實際上是把一些原先不屬於上海自由市的土地也畫到了隔離牆後面，上海自由市的安全因此獲得了極大的增進。而安全的結果就是，上海的地價隨之暴漲，原先的第一代業主一下子就發了橫財。

最初很多商號在上海這片荒灘上圈地的時候，地價是很便宜的，用幾千文甚至幾百文錢就能夠從大清皇帝那裡拿到批文，變成第一代業主；而這些土地有很多還沒有被利用起來。第一批修建住宅的人，通常他們圈下的土地也比住宅所需要的土地要大得多。現在這些荒地立刻就「鑼聲一響，黃金萬兩」，修建出房子再把它租給吳越難民，立刻就要發財。房子修建起來以後，我們前面提到的道路碼頭委員會立刻就會跟進，相應地修出道路，相應地拓寬碼頭；而碼頭一拓寬，碼頭進出口的各種稅收也就隨之增長。

難民促進經濟發展，卻也造成日後的社會隱憂

上海的經濟繁榮跟吳越難民的遷入有極其密切的關係，但是吳越難民大量湧入上海也使得上海的人口結構發生了變化。也就是說，沒有公民權、無權選舉工部局議員的吳越難民，在上海的人口當中占據了優勢。在粵滿戰爭以前，上海自由市的大多數居民是歐裔居

民。在歐裔居民當中，大多數居民又是英裔居民。但是後來上海的居民結構變得像是現在的南非一樣，有色人種占了多數，而有色人種不太會行使歐洲式的市政管理的權利，自己也沒有公民權。從法律上講，他們的地位是受到包容的難民，是因為粵滿戰爭的緣故才從吳越逃來的難民；理論上講，戰爭結束以後他們應該各自回老家的，但是事實上因為他們對發展上海經濟有幫助，就沒有被要求回家，而是在上海長住了下來。這一點，在二十世紀二、三〇年代變成了上海憲法危機的一個重要源頭，但是在當時還不是[26]。

第一代吳越難民因為得到了安全保障，而且在上海經濟繁榮的過程中也分到了小小的甜頭，所以對自己的處境相當滿意。對比那些留在蘇州或者其他地方的老家、在太平軍和清軍的拉鋸戰中死傷慘重的同胞來說，他們覺得自己已經非常幸運，不但保住了老命，還發了一筆小財。至於有沒有公民權這件事情，在第一代難民看來是不值得關心的。後來在

26 「執事（Sir. Rutherford Alcock ）對於將來發生惡果之推測，自有相當根據……將來或有一日，來此之西人懊悔此時租屋或分租與華人為不當，但吾人一般地主或分租商人能顧及此耶……余之職分在於最短期間致富，將土地租與華人或架成房屋租與華人，以取得百分之三十或四十之利益，倘此為余利用金錢最善之方法，余只好如此做去。」（Capital of tycoon Vol.I, pp.37-38）盧漢超：《「上海十地章程」研究》，引自譙樞銘、楊其民、王鵬程、鄭祖安、盧漢超：《上海史研究》，學林出版社，1984，第123頁。

粵軍敗退、清軍收復上海縣城以後，根據人口統計顯示，上海縣的居民減少到戰前的十分之一。十分之九的居民當然不是都死光了，而是有很大一部分逃到了上海自由市。蘇州、湖州和其他各地的慘狀也都與此類似。吳越的人口經過粵滿戰爭的重創以後，在長達三十年的時間內都沒有恢復到嘉慶、道光年間的最高峰。

當然，戰爭是需要金錢的。上海的繁榮，使得上海的海關變成一個可以用來支持軍費的重要來源。因此，清方派他們的代表，也就是逃亡的上海道台吳健彰，在黃浦江面上設立水上海關，以代替被粵軍占領的原有海關，試圖向包括各國商行和洋船在內的客商收取關稅。但是上海自由市的商人和英國領事都認為這種收稅的方式違反了原有條約的規定，雙方不得不就此舉行談判。談判的結果是，上海海關國際化，由一批以英國專家為首的官員設立新的海關，代替被粵軍占領的原有海關和清國重新組織的水上海關[27]。這個海關就是赫德爵士[28]後來主持的大清國海關的雛形。在赫德爵士帶到北京去組織大清國海關的那批人中，第一批就是在上海國際委員會管理下的海關接受實習和訓練。這個海關也是上海經濟繁榮的關鍵所在，因為他們收稅的方式能夠做到像歐洲公務員一樣的效率和公平，而不像清國原有的海關那樣是一個眾所周知的腐敗源頭。

清國原有的海關由於自己的腐敗和武斷以及收稅方式的朝令夕改，不斷引起各國商人的憤怒和衝突，引起各種外交糾紛和司法糾紛。這些外交糾紛和司法糾紛使得清國也感到極其頭疼。對他們來講，例如廣州海關收到的那點錢只能給內務府買點胭脂，相比起他們的各種折騰所惹起的各種外交糾紛（包括林則徐的戰爭）來說實在是很不值得。而國際委員會管理的海關，一方面有效地平息了各國商人對於腐敗和壟斷的長期抱怨；另一方面，它收到的錢大大增加了，給財政極其困難的清國提供了極大的幫助。後來李鴻章的淮軍能夠成立，主要就是依靠上海的洋關的收入。所以，國際委員會管理的海關，至少從當時的角度來講是收到了皆大歡喜的效果[29]。

---

27 小刀會叛亂時，設於上海外灘的江海關被叛亂軍焚毀，英美領事遂宣布對上海關稅實行「領事代征制」。吳健彰重返上海後，於十月十日照會各國領事恢復徵收關稅，但多數領事以上海縣城尚未收復、外商得不到保護為由予以拒絕。吳健彰先是試圖將海關設立在陸家嘴附近兩艘舊洋船上，後又試圖在海關原址恢復徵稅，均遭英軍干涉。一八五四年一月，上海宣布為自由港，清海關的徵稅活動陷於失靈。後英、法、美領事提出折衷方案，由上海道台和各國領事共同指派外國稅務委員，負責海關事務，獲得兩江總督怡良同意。六月二十九日，吳健彰與三國領事簽訂了改組江海關的協議。七月十二日，三國領事提名的威妥瑪等職員經吳健彰任命，組成上海海關稅務管理委員會，在虹口臨時海關地址開始辦公，是為海關稅務司制度之始。

28 赫德爵士（Sir Robert Hart，1835—1911），英國外交官和清國官員。赫德最初在英國駐華使館擔任翻譯，一八五九年入職中國海關，並擔任海關總稅務司長達五十年，後於一九〇八年因病離職回國。

29 「咸豐三年，劉麗川攻上海，至五年元旦克復。洋人代收海關之稅，猶交還七十餘萬與海關吳道。國藩嘗歎彼雖商賈之國，頗有君子之行。」《覆毛寄雲中丞》，曾國藩：《曾文正公全集．書牘》第十七卷，沈雲龍主編：《近代中國史料粵滿戰爭結束以後，上海自由市的商業寡頭們感到自己的地位和財富已經相當豐足，於是再度派出他們的代表在英、清兩國之間進行交涉，提出了一個更大膽的計畫，很像是比金[30]的大以色列計畫：要求清國和英國同意，大幅度地擴充上海自由市的領土版圖，並成立一個由上海自由市居民選舉產生的自治政府，從清國作為宗主國的管轄和英國作為司法宗主國的保護之下解放出來，成立一個類似威尼斯共和國的獨立國家。

這個大膽的計畫送到北京以後，被英國公使卜魯斯（Frederick Bruce）否決了。英國當時的政策是，通過李鴻章和總理衙門的各個代理人以及赫德爵士，把整個清國變成英國扶持下的一個東方穩定劑。因此，他們不希望已經羽翼豐滿的上海自由市乾脆建立一個獨立政權。這樣一來，反而有可能因此失去清國的其他部分，包括英國人通過《煙台條約》正在開拓的整個揚子江市場。上海的商業寡頭之所以願意讓步，也是因為他們看出，開拓整個揚子江航道、把商路一直拓寬到重慶、控制整個揚子江航道的利益，比直截了當地宣布獨立的利益更大一些。因此，他們就擱置了在十九世紀七〇年代直接成立上海共和國的計畫[31]。

這時，從憲法的角度來講，上海自由市已經進入自身的巔峰；但從財富的角度來講，上海才剛剛進入自己的童年，它大部分的財富還要在日後才能夠逐步獲得；而從政治角度來講，這時的上海已經處在它自己的政治權力的巔峰，差一步就要獲得獨立了，但是就差這麼一步。如果當時他們不顧英國公使的反對而採取單方面的行動，寧願放棄《煙台條約》的利益也要建立獨立的上海自由邦，那麼上海自由市在當時就變成上海自由邦了。即使從名分上來講還是要做滿洲皇帝的藩屬，但是在一九一一年的辛亥獨立戰爭當中它必然會自行獨立。上海為了經濟利益而捨棄了政治上的獨立，從而為二十世紀侵蝕上海獨立的各種憲法危機和外交挫敗埋下了伏筆。

叢刊續輯》第1輯（5號），文海出版社，台灣，第14551-14552頁。

30 梅納罕・比金（Menachem Begin，1913—1992），以色列第六任總理、右翼保守主義政黨以色列聯合黨創始人，年輕時投入猶太復國運動，領導復國組織伊爾貢對英國和阿拉伯國家進行武裝抗爭，後投入政治活動，於一九七七年的大選獲勝並出任總理。一九七八年因為與埃及總統沙達特簽訂大衛營協議，兩人一同獲頒諾貝爾和平獎。

31 上海自由市在「一八五四年通過第二次《土地章程》並成立工部局後，緊接著就有所謂執行保衛自由市任務的防衛委員會的出現。第二年四月，根據第二次《土地章程》規定組織的巡捕又成為武裝常備隊。據統計，到了一八六二年，自由市境內，華人已達五十萬之多。工部局向這些清國移民徵稅，而上海道台向自由市內華人徵稅則被工部局拒絕。同時，由美國船員華爾（F. T. Ward）率領的洋槍隊在與太平軍交戰中暫時取勝，聲稱上海周圍三十英里內的太平軍已被肅清。在這種情況下，工部局下屬的防衛委員會提出了改上海為自由邦的計畫。這個計畫就是要把（清屬）上海縣城及其周圍三十英里，置於英、美、法、俄所謂四大條約國的保護之下，由界內產業所有人選舉人員組織政府，使上海完全獨立於清國政府，但此項計畫遭到英國公使卜魯斯的反對，也未獲其他各國公使的贊同，因此未能實現。」盧漢超，《「上海土地章程」研究》，引自譙樞銘、楊其民、王鵬程、鄭祖安、盧漢超，《上海史研究》，學林出版社，1984，第110頁。

當然，上海的財富在這整個過程中都是一直在增加的。所以，上海的商業寡頭在他們寧願容納難民以增加財富的過程當中，實際上已經做出了隱含其中的政治選擇：上海是跟以色列不同的，不是以獨立為最優先的價值，而是以增加財富為最優先的價值。第一次是容許沒有公民權、也沒有歐洲政治訓練的難民湧入，改變上海的人口結構；第二次就是在它本來有機會獲得完全獨立的情況之下放棄了這個機會，滿足於自治權和大清國國內巨大的商業發展前景。

三、上海自由市黃金時代的宗主權、司法統治和附則立法權

工部局：上海自由市的權力機構

一八五四年土地章程和一八四五年土地章程的關係，在上海自由市的憲法史上，非常接近我們今天熟悉的美國憲法和大陸會議制定的邦聯條例之間的關係。從我們今天的觀念來看，邦聯條例所建立的這個大陸體系或者北美邦聯到底能不能夠被稱為一個國家還是很成問題的。邦聯議會是這個政治體唯一的合法主權者，但它沒有正式的政府機構，只有若干個由議員或議員任命的委員所組成的辦事機構和委員會，外交、軍事、財政各方面的職權都混沌不清。由於邦聯議會繼承大陸會議以後掌握了全部的權力，所以假定這個機構有行政權的話，那麼這個行政權也跟議會本身的祕書機構區別不清。由於邦聯議會所有的議員都直接受制於各州的議會，所以邦聯議會很像一個外交談判機構。立法機構不善於處理行政事務的既有弱點，因為邦聯議會固有的外交性質而變得更加混亂和無效率。英、法等強權都因為邦聯議會在辦理外交方面的低能和反覆無常，一再採取單方面的行動，例如在西北邊境地區設立英國的軍事基地。如果費城有一個負責任的行政當局的話，這些交涉本來是可以輕易解決的。而我們現在熟悉的、由制憲會議制定的憲法，則有明確的三權分立的機構，有總統和他的各部部長。

一八四五年的上海自由市也是這個樣子的。它有一個業主會議，這個業主會議會根據不同的事務任命若干委員會（例如最早的公墓委員會和道路碼頭委員會）辦理具體事務，但方式是極其混亂的。這就像是，邦聯議會會在西北邊境問題和加拿大邊境問題緊張起來的時候任命幾個議員，成立一個對英交涉的委員會，但它並沒有外交部或者國務院。如果法國人和西班牙人在紐奧良發生其他問題的話，議會又有可能任命完全不同的另外幾個議員，很可能是前面那幾個議員的敵對黨派的議員。在西北邊境問題上有利益關係的新英格蘭各州[1]，以及在密西西比河方面有利益關係的西南各州，彼此產生的議員團往往是相互敵對的。他們在後來的傑弗遜和亞當斯的鬥爭當中分別站到了兩派。於是，美國（嚴格來說只能算是美國的前身）兩種不同的外交，就由兩個敵對的黨派所控制了。看上去不像是一個國家在同時對英國人、法國人和西班牙人進行外交，而像是聯合國的北約成員國和華沙成員國在進行兩種相互矛盾的外交。

一八四五年的業主會議所成立的各委員會就處在這種狀態。尤其是，它任命的各種委

1 新英格蘭是位於美國東北角、瀕臨大西洋和毗鄰加拿大的地區域，目前包括美國的六個州：緬因州、新罕布夏州、佛蒙特州、麻薩諸塞州、羅德島州以及康乃狄克州，其中，麻薩諸塞州首府波士頓是該地區最大的城市以及經濟與文化中心。

員會更常處理各種一般性事務。從性質上來講，比如說跟現在的各個社區任命的管理自來水事務或電業事務的各種委員會沒有很大的差別，政治、軍事、外交的性質並不明顯。這就使得這個居留地缺乏作為政治體的主要特徵。直到粵滿戰爭爆發，泥城之戰迫使上海自由市建立了自己的軍隊，也就是所謂的「萬國商團」，正式名稱應該是「上海義勇軍」。上海義勇軍的產生，使得業主會議成立了第一個可以說是具有政府雛形或者國家雛形的機構，也就是上海防衛委員會，也可以稱為國防委員會。正如波蘭、愛沙尼亞、拉脫維亞和立陶宛一樣，民族國家誕生的第一個特徵就是軍事機構。即使是作為東歐各民族國家雛形的西歐民族國家前身的新君主國，也是圍繞著財政與軍事革命而產生的。可以說，戰爭創造了國家。戰爭在人事和財政方面的必要性，改造了舊的、混沌不清的各種機構，使之成為具有明確政治性的國家機構。

對於上海來說，情況同樣是這樣的。防衛委員會的成立，使得上海自由市不可逆地走上了政治民族的道路。它如果沒有建立一個合理的政治機構的話，就會像是邦聯議會時期的北美十三州一樣，在強權政治的壓力之下自行崩潰而滅亡。因此，上海義勇軍的產生直接刺激了一八五四年的業主會議。「業主」就是地主的意思，也就是華盛頓將軍所謂的「We the people」的那個「people」。這個「people」指的是有產階級。沒有產業的人是沒有資格被稱為納稅人的，也就不符合「沒有代表權就不納稅」這一條資產階級民主的金科玉律。一八五四年的業主會議在英、法、美三國公使（因為最初的住民主要是來自這三個國家）的參與之下，制定了一八五四年土地章程。一八五四年土地章程最重要的成就就是建立了工部局（也就是上海市議會或上海市政委員會）這樣一個核心機構。在那以後，在十九世紀最後五十年（也就是上海自由市的黃金時代）的這段時間內，上海的政治重心始終集中於工部局。

工部局是由大有產者——納稅金額超過每年十兩白銀的地主或者業主經選舉而產生的委員會[2]。工部局協調管理上海的所有事務，因此它實際上就是上海的市政府。市政委員會這個詞跟今天的大倫敦市政委員會是一樣的，它符合中世紀歐洲各封建自由城市的組織慣例。工部局之下有各個專門的委員會，例如衛生、防衛、港口之類的委員會。原先成立的各委員會，由於工作關係，自動地從屬於工部局。工部局產生以後，上海可以說是有了自己的政府。上海工部局和業主委員會之間的關係，就是主權者和主權者代理機構的關

2 《一八六九年土地章程》第九條之規定：「此等發闔議事之人，必所執產業地價計五百兩以上，每年所付房地捐項，照公局估算計十兩以上（各執照費不在此內）；或係賃住房屋，照公局估每年租金在五百兩以上而付捐者。」

工部局：上海的權力核心　為了因應快速變遷的時局，一八五四年《上海土地章程》修改後，自由市成立工部局並下轄警備、交通、工程等委員會，可視為自由市的自治政府（圖1）。從工部局的徽章設計可以看出當時有哪些國家在上海自由市拓展勢力：左上角四國由左至右、由上至下依序是英國、美國、法國、普魯士；右上角四國依序是義大利、俄國、葡萄牙、丹麥；下方四國依序是瑞典挪威聯合王國、奧地利、西班牙、荷蘭（圖2）。工部局成員由納稅人會議選舉產生，獨立行使行政與司法權而不受母國干預，初期大多為英美裔的資產階級（圖3）。

係。從法統的角度來講，業主會議是上海自由市的主權者，上海自由市的所有機構都是該委員會為了保護其財產或增加其財產和所得收益而建立的專門機構。但實際上，工部局是常設機構，業主會議則是隔幾年才召集一次的機構。所以，正像我們在今天的美國所看到的那樣，選民只能通過代議制來表達自己的意志。雖然三權的各機構都是代表美國人民的，但是通常美國的政治事務是由這些精英主持的。在上海的歷史當中，業主會議通常也是隱而不見的。業主會議的召集很容易受到當時在任的工部局主要領袖的操縱，就像是美國總統選舉總是離不開當時兩大黨的政治精英的操縱一樣。普通的業主基本上不太可能在越過現存的工部局各委員或者違背他們意志的情況之下另做主張。

工部局的成員當中，就包括了麥都思的兒子麥華陀[3]，他在工部局的早期歷史中曾經扮演過相當重要的角色。工部局的早期委員都是一些非常偉大的人物，如果我們把他們跟

3 沃爾特・亨利・梅德赫斯特爵士（Sir Walter Henry Medhurst，1822—1885），漢名麥華陀，英國外交官員、上海工部局成員、知名傳教士麥都思之子。鴉片戰爭期間擔任中英文翻譯，並先後歷任英國駐福州、上海、杭州、漢口領事。曾於一八五四年代表英國訪問太平天國，一八六一年率領上海自由市市民抵抗太平軍，並於一八七六年倡議在租界設立招收華人的非教會學校格致書院。

胡適稱之為非常偉大的一九一二年北京國會[4]相比的話，就會發現，那些人只是一些沐猴而冠的模仿者，而上海自由市的工部局議員才是無愧於歐洲封建自治城市同儕的一批真正的歐洲人。這個歐洲性不僅體現於他們的血統上，而且更主要的是，體現於他們的法理和政治習慣上。工部局的統治，奠定了上海自由市法統的起點。按照普通法和習慣法的原則來講，已經實施、而沒有引起反對的實例可以漸漸構成判例，再變成以後的先例。

例如，什麼叫合法婚姻？就是兩個人在教堂舉行婚禮，牧師和會眾都沒有提出異議；今天的基督教婚禮還留有這方面的痕跡。為什麼除了證婚的牧師和新郎、新娘雙方以外，還要有教區的其他居民出席婚禮呢？比較傳統的牧師在婚禮舉行的時候還要問一問，在座各位有沒有人提出反對這場婚姻的理由？當然實際上是不會有人提出的。如果有這方面的理由，肯定是在婚禮舉行以前就已經排除過了。或者是，如果有這方面無法排除的理由，那麼他們就不會舉行婚禮了。但這個形式還是存在的，這當然就是古老的盎格魯—撒克遜社區、乃至於日耳曼人社區的習慣法的總結。一男一女要結婚，那麼他們彼此之間是否建立了一個誠實的婚姻契約呢？社區其他人都是知道的。比如說這個男人如果在其他地方有老婆，而他又要來娶一個不知情的姑娘，這時候他的前妻就可能在婚禮上跳出來提出反對意見。這時候牧師就會說，既然這樣，這場婚禮不是上帝所嘉許的，暫時不能舉行了。然後社區就要進行下一步的調查研究，證明這個反對意見是不是能夠成立。因為婚姻涉及到財產事務和社區事務，所以它並不像是近代的浪漫主義者所設想的那樣，只是兩個人的私人感情問題；婚姻涉及到財產和繼承權的問題，它是社會的基礎。那麼，假定這個婚姻沒有遭到反對，他們兩人事實上住在一起了，那麼二十年以後，他們所構成的家庭這個財產單位跟其他人（比如國王或主教什麼的人物）發生糾紛的時候，他們的合法性又該如何鑑定呢？

在中世紀，有些地方的大多數人都是不識字的。那麼，當他為了某塊土地跟國王或者主教發生糾紛，怎麼證明這塊土地是他的還是國王的呢？於是，相關的律師和法官就要去查教區檔案了。他們兩人在舉行婚禮的時候可曾有人反對？婚禮的各位見證人都說，當時我們誰也沒有反對過。那麼再問問左鄰右舍和社區成員，他們結婚的這二十年間，他們的婚姻是不是實際存在的，是真婚姻還是假婚姻？如果左鄰右舍和十二個陪審員一致認為，「他們就是住在一起，跟結了婚的男女一樣，我們看不出他們有什麼理由跟結了婚的男女

4 中華民國國會最初為一院制，即一九一二年位於北京的參議院。隔年，依據《中華民國臨時約法》，將國會改為兩院制，由參議院與眾議院共同組成。

不一樣」，那麼法庭就必須承認，無論有沒有識文斷字的知識分子所留下的各種契約，假定兩個人都不識字，而他們的左鄰右舍也都不識字，這樣的契約就是沒有，但是我們必須根據習慣法的原則來判斷。既然在長達二十年的時間內，認識他們的所有人，從牧師到普通教民，沒有一個人出來反對他們的婚姻，那麼我們必須承認他們就是夫妻，他們生下的兒子有權掌握他們聲稱是他們自己的那塊土地的繼承權。理由是什麼？沒有反對就是承認。同樣的道理，在什麼樣的情況之下可以宣布婚姻無效呢？婚姻誓言遭到破壞的時候。比如說，一個丈夫可以指控他的妻子不貞，生下的孩子不是他自己的，在這種情況下就可以打一場離婚官司了。但是假如丈夫從來沒有提出這樣的指控，那麼妻子生下來的孩子就一定可以繼承財產。他不需要做什麼親子鑑定，當時也沒有親子鑑定技術。理由是什麼？「湯瑪斯是約翰的兒子」這件事情從未被約翰本人提出反對意見，而約翰的所有鄰居也都沒有提出反對意見，沒有提出反對意見就是承認，所以湯瑪斯有權繼承。

工部局存在的理由也是這樣的。後來在《費唐報告》[5]中就曾經指出，工部局存在的主要理由是什麼？儘管它在《土地章程》當中沒有明文依據，但是根據美國最高法院判定聯邦政府所享有的那種默示權力[6]：既然利益相關的各方——英、法、美、俄、清各大國和上海的各路居民在工部局成立的幾十年內從未對工部局的存在提出異議，那麼我們就可以合理地認為，工部局的既成事實已經構成合法的依據。五十年的統治實踐足以確定它的合法性，就像住在一起生活了二十年的男女關係足以保證他們兒子的繼承權一樣；工部局的統治就是這樣建立起來的。這個事實上的統治機構就像英國首相和英國內閣一樣，在英國憲法上沒有文字記載，但是由於習慣法和不成文憲法的原則，卻構成了英國憲法的核心。在憲法上有成文記載的很多機構，例如樞密院，從成文法的角度來講比內閣的資格更老，但是實際權力卻遠遠不如內閣。根據最近二百年甚至四百年的習慣，內閣就是權力的中心，女王不可以違背首相的建議去做任何事情。儘管在亨利四世的時代顯然是樞密院更重要一些，但是最近二百多年的政治習慣已經使這種不成文的、沒有成文法依據的傳統構成英國憲法的核心了。

5 全稱為《費唐法官研究上海公共租界情形報告書》。一九三一年，英、美等國相繼宣布放棄在中國的治外法權，中國國內亦有收回租界的呼聲。因此，上海工部局向南非借調南非最高法院法官費唐前來上海調查租界問題，以判定今後租界的法律地位。一年後，費唐提交報告書，對上海租界的歷史、現況與前途做了完整評論，成為上海工布局實施後續決策的重要參考。

6 默示權力（Implied powers）是指美國憲法第一條第八款授予國會各項具體且確定的權力的同時，也授權國會制定「為執行上述各項權力和由本憲法授予合眾國政府或其任何部門或官員的一切其他權力所必要而適當的各項法律」。這項條款引起了支持強化、支持限制聯邦政府權力的兩派的爭論，最後由聯邦主義者、美國憲法起草人之一的亞歷山大・漢彌爾頓贏得了辯論，而首席大法官馬歇爾領導下的美國最高法院亦支持其觀點。簡言之，默示權力是未被美國憲法明確定義的權力，但當美國國會要行使這項權力時仍需謹慎斟酌，不能隨意濫用。

工部局在上海自由市的法定權力，也是按照類似英國內閣的方式建立起來的。

自由市的三權分立

從法理上講，一八五四年土地章程這部憲法性檔案和工部局的憲法性政治傳統所奠定起來的這個上海自由市，不是一七八九年以後按照成文憲法明確規定所形成的三權分立的資產階級民主國家，而是具有濃厚的中世紀封建色彩、類似瑞士聯邦和威尼斯共和國的特許權自由城市共和國。因此，它的權力並沒有均勻準確地像美國憲法一樣分給總統、國會和最高法院，而是像工部局成立以前和以後所存在的眾多委員會一樣，分成了很多個特殊、具體的權力。如果我們用孟德斯鳩式的憲法學方式對它進行研究的話，那麼大致上來講可以分為三類。我們要注意，這三類並不是立法—司法—行政這樣的三權分立，而是：A，宗主權，包括外交權力；B，司法權；C，附則立法權，包括行政管理權。

近代人習慣於行政權和立法權對立，但是我們要注意，不要說是在中世紀的自由城市和封建國家，即使是在近代早期的國家以及今天英國和歐洲大部分內閣制的議會民主制國家，行政權都不是一個獨立的權力，而是立法權的一個附屬。眾所周知，英國內閣，當然還有比利時內閣、德國內閣、瑞典內閣、西班牙內閣以及歐洲眾多君主立憲國和議會共和國的內閣，論法律身分，是最高立法機構國會的一個附屬委員會。它的權力和力量都來自於「首相和各部大臣本身就是國會議員」這一事實。嚴格的三權分立只有在美國和拉丁美洲這類的國家才成立。嚴格意義上講，英國不是三權分立的國家，而是行政附屬於立法、立法至上、巴力門（Parliament）無所不能、行政機構只是立法機構的附屬委員會的國家。即使在行政權高度膨脹的二戰以後、政府機構膨脹到歷史上從未有過的狀態、行政職員的數目大大超過議會職員的情況下，行政機構仍然是議會的附屬委員會。

為什麼宗主權包括外交權？上海自由市像威尼斯共和國和瑞士聯邦一樣，有它的神聖羅馬帝國的宗主權和其他宗主權。例如，威尼斯共和國既是神聖羅馬帝國的藩屬，又是拜占庭帝國的藩屬，但是這並不妨礙威尼斯共和國的元老院在它認為合適的時候為了威尼斯的國家利益，今天向神聖羅馬帝國的皇帝宣戰，明天向拜占庭的皇帝宣戰，有的時候還同時向神聖羅馬皇帝和拜占庭皇帝宣戰。從西發里亞體系的法理來講，威尼斯共和國毫無疑問是一個主權國家，因為它宣戰與議和的能力比大多數法蘭西國王和神聖羅馬皇帝還要大，更不要說權力遠不如這位國王和那位皇帝的眾多封建君侯了，它的政治意志和戰爭能力是毋庸置疑的。瑞士聯邦既是神聖羅馬帝國的藩屬，又在不同時期容許組成它的各州跟法蘭西國王、米蘭公爵和勃艮第公爵簽署單獨的保護協定。因此，這就出現了雙重矛盾的現象：聯邦本身是神聖羅馬帝國的藩屬（儘管它跟神聖羅馬帝國打仗的次數也不算少）；某些州是奧地利公爵的藩屬；另一些州則是勃艮第公爵的藩屬，因此法蘭西國王作為勃艮第公爵的領主，又變成了這些州的太上皇；還有一些州跟教皇國簽有保護協定；另外一些州跟米蘭共和國簽有類似的協定，而米蘭在某些時期又是神聖羅馬帝國的藩屬；這樣一來，就形成一個錯綜複雜的宗藩關係網。

上海自由市的宗藩關係，首先是它對大清國和大英國的雙重藩屬身分，自由市既是大清國的藩屬又是大英國的藩屬。但是，這並不妨礙它跟大清國的軍隊作戰（例如泥城之戰）。在大清國向日本宣戰的時候，上海自由市公開宣布保持中立。在英國跟祖魯人和布林人作戰的時候，即使它作為英國藩屬，也不需要像澳大利亞、馬來亞和印度的各藩臣一樣出兵，仍然可以根據五大國擔保的中立宣言來保持它的中立地位。同時，它也是五大國的間接藩屬。自由市的中立地位和作為自由港的開放地位，得到了首先是三大國、然後是四大國、最後是五大國的擔保。這使得上海自由市像第一次世界大戰的比利時王國一樣，變成歐洲列強集體監督的一個準藩屬國。首先是英、法、美三國，其次再加上俄國，在第一次世界大戰以後德國也加入了承認的行列。各大國的擔保，使得義勇軍只有陸軍的上海自由市不需要建立自己的海軍，而能夠在清日戰爭和八國聯軍戰爭當中保持中立。但是，這樣也就限制了它的外交和軍事權力。從條約的角度來講，上海自由市的軍隊有權向大英帝國的軍隊要求補給，向香港的英印帝國軍團和英帝國的其他軍隊要求提供軍官、軍用物資和武器，因此使得上海義勇軍和上海自由市的軍事機構很像是大英帝國的一個分支。但是從外交方面來講，上海自由市主要是西歐四大列強或五大列強共同保護下的一個比利時式的中立國。

在禮儀的意義上來講，它就像緬甸、尼泊爾或者歐洲的安道爾一樣。緬甸和尼泊爾是大清國和大英國的雙重藩屬國，安道爾大公國是法蘭西王國或法蘭西共和國和西班牙王國的雙重藩屬國。安道爾大公不是法定的國家元首，西班牙國王和法蘭西共和國總統代表共用安道爾法定國家元首的地位；但是在西發里亞體系當中，它也跟列支敦士登之類的小國一樣被並列為獨立國家。大清國的禮儀宗主國地位是名存實亡的，但是從未遭到挑戰；而大英帝國的宗主國地位則是非常具體的。歐洲列強的外交保護國的保護權也是非常具體的，至少是偶爾實施的；而大英帝國的保護權則是每天都在實施的。但是從禮儀的角度來講，大清國從不實施的保護權跟大英帝國的保護權是同樣強大的。上海自由市的外交權是宗主權的一個附屬部分，因此工部局的外交往往要通過英、法、美駐上海領事或者列強駐北京外交團進行。這是它作為藩屬國地位的一個體現，就跟比利時王國的外交和尼泊爾王國的外交經常要通過英國政府來代辦是同一個道理。

第二個權力是司法權。上海自由市的司法權是純粹中世紀式的，因此它有許多個不同的司法系統。其居民原則上來講是根據屬人的原則選擇自己的司法系統。例如，他們可以去找英國領事法庭或者美國領事法庭，找香港大英皇家法庭或者上訴到英國樞密院；也可以去找大清國上海縣衙門、蘇州巡撫衙門、兩江總督南京衙門、總理各國事務衙門或者到北京都察院，到皇帝本人面前去上訪。但不用說，使用前一種權利的一般是英國血統的居民，使用後一種權利的一般是吳越難民的後代、大清國原臣民的後代。但是這並不是說他們一定就不能跨界。出於我們很容易理解的原因，英裔臣民從來沒有去大清國的法庭解決糾紛的想法，但是大清國的前臣民在遷入上海自由市以後經常企圖拋棄大清國的法庭，而去找英式各個系統的法庭主持公道。因為至少在這樣的法庭當中，他老人家即使打輸了官司，也不會有被打屁股的危險。這也是為什麼後來蘇報案[7]發生的時候，章太炎和鄒容一定要在英國法庭受審的緣故。大清國是很想把他們放到大清國的法庭裡面受審的，但是他們有選擇的自由。這就像是，中世紀英國的居民如果對本地領主的法庭表示不滿的話，他們是可以去找教會法庭的；反過來也是一樣的。各種不同的司法系統存在著有效的競爭關係。

工部局和上海的任何機構都像是亨利二世國王一樣，並未企圖將各種不同的司法體系統一起來。在上海自由市的早期，曾經有相當多英國血統的上海人不承認工部局的權力，因為第一，土地章程上沒有記載，第二，工部局要求他們交稅。於是他們就直截了當地跑到香港的英國法庭去打官司，表示他們並無交納這筆稅收的義務。後來很多土地糾紛又會到香港甚至是到英國的樞密院去打；而上海自由市本身的英國法庭也經常參照英國樞密院的決議，以英國樞密院的司法解釋作為上海法庭司法仲裁的最高法律依據。但是這種參照從技術上來講是像比如說俄亥俄的最高法庭遵守美國最高法院的判決那樣，是一種法理上的必然性呢？還是像蘇格蘭的法庭引用歐盟和德國法庭的相應判決那樣，只是一種可以這麼做也可以不這麼做的參照呢？這一點在法理上是從未被澄清的，只是像工部局的存在本身一樣，存在著長達數十年的既成事實。這個既成事實本身可以構成之後英式法庭加以引用的先例，但是加以引用並非一定引用，擁有造法權的英國式陪審團是可以不引用或者是

7 《蘇報》館設於上海租界，是革命人士和愛國師生發表言論、輿論動員的平台，經常刊登知識分子如章士釗、章太炎、蔡元培、鄒容等人批判時局的文稿，進而引起清朝廷的關注，使清廷於一九〇三年下令封館、逮捕報館人員，成為中國近代史上第一個因言論罪被政府告上法庭的案件。不過，因為報館設在租界，所以當時的審判主要依據西方法律，最後清廷放棄重判，部分被告無罪釋放，鄒容被判監禁二年，章太炎監禁三年。

引用其他與之相矛盾的判例的。多種法庭並存的狀態，是上海自由市繁榮和安全的一個重要保障。後來的評論家和歷史作家一般只提它們當中的英式法庭，但其實這不是上海唯一的一種法庭，只是大多數人願意選擇的法庭。而這大多數人如果不願意選擇這種法庭的話，他們還有其他的選擇。

法裔居民經常對英裔居民的優勢地位表示不滿意，並企圖讓法國領事建立領事法庭，跟英式法庭競爭。雙方的嫉妒，最終導致了自由市的分裂，法租界公董局從自由市分裂出去，後期的自由市就只有原先由英、美居民開拓的那一部分的繼承者了[8]。我們要注意，一八五四年的制憲會議其實包含了後來的法租界，但是後來由於司法方面的分裂（司法是一個重要的收入管道，也是威望的一個重要來源），導致了雙方的分裂。事後，英系國家和法系國家的不同特點，也在這兩塊不同的土地之上表現得很清楚。法國領事通常是法國政府政治意志的代理人，他的領事法庭也有法國司法系統的主要特徵，更多地依賴成文法；而英國領事經常是英國僑民本身的代表，倫敦的政府只是追認一下他的任命而已，他跟英裔居民選舉出來的其他委員會沒有明顯的界限，而他對於領事法庭的作用只是推波助瀾而已。基本上，英式法庭是高度自治的，而法租界的公董局和法庭很容易受到法國政府的支配。因此，後世談到上海自由市的時候，通常都不把法租界的公董局包括在內。司法統治是中世紀統治的實質，中世紀各王國百分之九十五的事務都是通過法院辦理的。在戰爭以外的時期，國王的權力幾乎是不存在的，一般居民很少感受到國王的權力。在長期和平的時間內、長達幾代人的時間內，除了法庭，普通居民不知道有任何統治機構。上海自由市在這方面是跟中世紀的城市很相似的，反而跟近代民族國家不同。大多數上海自由市的居民對上海產生的自豪感和他們在上海的日常經營、業務與生活，都跟上海的司法統治息息相關，跟工部局的行政機構和立法機構的關係反而甚少。這等於是說，行政、立法機構其實只管大事，而日常生活主要是由司法統治所支配的。

上海自由市三權的最後一個機構就是工部局的附則立法權[9]。什麼叫「附則」？就像

8 一八五四年，上海法租界為抵禦小刀會給租界帶來的損失，從而加入上海英美租界，受上海租界工部局統一管理。一八六二年四月二十九日，法國駐上海領事愛棠宣布法租界自行籌辦市政機構「法租界籌防公局」，一八六五年後確定譯名為上海法租界公董局。

9 「工部局（Shanghai Municipal Council）制定的「附則（bylaws）經納稅人會議（Ratepayers' Meeting）和領事批准，即可作為法律在租界內行使。《一八六九年土地章程》中出現的四十二條附則，以及關於工部局可以提出附則的規定，是外國侵略者在租界章程上的一大發明。它使侵略者可以不受宗主國的任何約束而制定為所需之法律，同時又取添補形式，不須做大的更動便能達到目的。一八六九年後《土地章程》之所以未做大的更動，附則的產生是一個重要原因。美國作家密勒（Thomas F. Millard）曾經寫道：『對於租界所必需的治安權來說，《土地章程》總是顯得太籠統。所以在適當的時候，規定了……這種猶如美國城市中的市政條令和治安規則的附則，用這種辦法，租界創造了它自己的一套法律。』

是普通的法律低於憲法一樣，法律附則的地位低於法律。但是一般來說你很少遇到要用憲法的時候，用法律的情況反而比較多。同樣地，你平常也沒有什麼時機會用到法律，用附則的地方反而比較多。工部局的立法權主要是附則立法權，而附則立法權會直接產生根據相應的法律附則管理相應事務的委員會或者辦事機構。比如說，對於衛生局或者其他什麼機構來講的話，什麼東西最重要呢？顯然不是美國憲法這樣的檔案文件，甚至不是衛生法這樣的一般性檔案文件，而是黃浦江或者澱山湖自來水衛生管理條例這樣的附則。這樣的附則在法系國家一般是由行政機構設置、由行政法院覆核的，但是在英系國家基本上就是立法權的附屬。我們都知道，你的生活品質和你能享有多少權力，其實是由這些附則所規範的。比如說，中華人民共和國的法律從民法和刑法這樣的法律條文來講的話還不算太差勁，但是一到了比如說公安部門制定的治安管理條例或者諸如此類的條例，那就是一塌糊塗。憲法上的基本權利和刑法上的一般性權利，一到公安部門制定的具體操作條例上面，你就什麼權利也沒有了。按照憲法，你的權利好像不比美國人差多少；按照刑法，你的權利好像不比法國人差多少；但是一到了公安部門設置的辦事條例，你就跟奴隸沒有任何區別了。除了百分之百地服從公安部門的意志以外，其實你沒有任何自由。衛生部門制定的條例也是這樣的，中華人民共和國的衛生法哪點比法國和義大利的衛生法差勁？但是真到具體條例的時候，你又會落入任人擺佈的狀態。而工部局跟這種武斷統治的主要區別就是，它的附則立法權是工部局自己負責的。工部局制定附則，然後附則產生行政機構。工部局的行政管理是附則的產物，而附則又構成了上海自由市立法、行政事務的核心。

如何與東南互保的「諸夏」結盟？

這三個部分就是上海自由市在十九世紀後期、甚至到第一次世界大戰以前政治治理和社會生活的正常面貌。在十九世紀最後這幾十年，上海工部局不斷擴充它的權力。在一八六二年企圖建立完全獨立的上海自由邦，卻因為跟北京的公使團扯不清楚而沒有能夠成功[10]。一八七九年，上海工部局又再一次修正土地章程，這個憲法修正案進一步擴大了

這段話說出了《一八六九年土地章程》中帶關鍵性的問題，即章程的最終目的是讓工部局更接近於一個自治政府。」盧漢超：《「上海土地章程」研究》，引自譙樞銘、楊其民、王鵬程、鄭祖安、盧漢超：《上海史研究》，學林出版社，1984，第112-113頁。

10　「一八六二年，上海的外國侵略者召開特別會議，由工部局下屬防衛委員會提出，變上海為自由邦的計畫。按照這項計

工部局的權力和上海自由市的自治[11]。一八八九年，上海自由市再次修改相關條例，並且在兩江總督劉坤一[12]的支持之下擴充了上海自由市的邊界[13]。湘軍大將、兩江總督劉坤一是上海自由市在十九世紀末期最重要的合作夥伴。跟一九三〇年代的國民政府和一八五〇年代以前大清國的兩江總督、江蘇巡撫相比，他可以說是自由市最有力的支持者了。早在東南互保或者第一次諸夏聯盟以前，他就積極地支援上海自由市擴張權力的企圖。對於自由市在一八九八年制定的新憲法檔案，他公開表示，兩江總督衙門對此不持任何異議。他的「不持任何異議」，到了《費唐報告》的時代就又變成了工部局以及上海自由市享有事實獨立的重要法理依據[14]。上海自由市被兩江總督或者吳越殖民地從三面包圍，如果上海自由市不應享有獨立或者事實上並未享有獨立，最有可能提出

劉坤一　十九世紀中、後期，上海自由市的發展受到兩江總督暨湘軍領袖劉坤一的支持，因此得以持續擴張勢力。一九〇〇年東南各省宣布「東南自保」後，更與上海自由市達成軍事結盟，以確保長江航運與貿易，並藉此鞏固雙方的利益。這時，上海自由市不論在政治或經濟上都達到了高峰。

畫，上海將完全脫離清國政府，被置於當時在清侵略利益最大的英、美、法、俄四大強國的保護之下，並在這種保護下，由清裔、西裔產業所有人選舉產生一個所謂強有力的政府，將上海縣城、郊郭及附近地區合併為一，徵收捐稅，維持治安，使上海成為完全由西方列強控制一個所謂獨立的自由城市。但是，此項兇惡的侵略計畫遭到英美公使的拒絕。英國公使卜魯斯以『頗有教師向愚鈍的學生講解，莊嚴的銀行經理拒絕雇員加薪要求的神氣』，訓令上海領事和工部局董事們：『我的責任在於提醒你們，清國政府從未正式放棄過它對自己人民的權利，女王陛下政府也從未要求或表達過任何保護華人的願望。』；美國公使蒲安臣（A. Burlingame）持同樣的態度，聲明他『未授權同意任何不尊重清國作為一個有權統轄自己領土與臣民的主權國家的計畫。』」盧漢超：《論上海工部局與北京公使團的矛盾》，引自譙樞銘、楊其民、王鵬程、鄭祖安、盧漢超：《上海史研究》，學林出版社，1984，第149頁。

11 「一八七九年底工部局（Shanghai Municipal Council）特設了一個修改章程委員會，對《章程》進行修改。該委員會提出的修改草案在一八八一年的納稅人會議上通過。這次修改的明確目的是使租界更加自治化，所以《一八六九年章程》中的兩個要害問題，即擴大納稅人會議與增加工部局權力，在修改草案中得到進一步的發展。這次修改草案特別在附則上大做文章。附則給予工部局許多權力。章程共十八條，附則竟達九十三條。這說明用附則這種形式使其統治合法化，已得到工部局的極大重視。章程修改草案規定，無須公使批准，工部局有訂立、修改或取消附則之權，甚至『在暴動或嚴重騷亂之際，工部局在立即通知領事後，得自由採用它認為維持公安所必需的手段，在工部局總董的指揮下組織義勇軍；在嚴重危急之時，工部局得領事團或其大多數之同意，得置居民於當時形勢所需之法律下。』」盧漢超：《「上海土地章程」研究》，引自譙樞銘、楊其民、王鵬程、鄭祖安、盧漢超：《上海史研究》，學林出版社，1984，第114-115頁。

12 劉坤一（1830—1902），在太平天國之亂期間參加鄉勇團練，因加入湘軍征討太平軍有功而獲得提拔，於一八六五年擔任江西巡撫、一八七五年出任兩江總督，隔年再升任兩廣總督。和張之洞同為洋務運動後期的主導者，積極推動興辦鐵路、改良軍隊等現代化政策，並於一九〇〇年和李鴻章、袁世凱等人倡議組織「東南自保」以免受拳匪之亂。

13 「一八九八年工部局（Shanghai Municipal Council）新訂的《土地章程（Land Regulations）》曾由領袖領事送上海道台轉詢當時的南洋通商大臣劉坤一的意見，劉坤一竟答覆說：『本大臣從未顧及此事，故現亦不欲過問。此事可由工部局與領事團妥為磋商，唯須求有利於人民及商人。祈即轉達此意可也。』劉坤一是當時清廷重臣，辦外交的老手，對與國家主權攸關的《土地章程》不僅撒手不管，而且明確表示將此事讓給侵略者去磋商，這種態度實在令人吃驚。此前不久，他曾宣揚對待西方各國『宜不惜虛文，專意實事，睦外修內。』《上海土地章程》在劉坤一看來大概亦屬虛文一類，是異議的顯然就是吳越。而吳越的政治代表——兩江總督及其管轄下的上海縣，公開以正式的法律檔案和書面方式表示，他們對工部局的統治方式以及自行修改統治方式的程序不提出任何異議。這就意味著，工部局的制憲權已經得到了利益相關方的正式承認，而不僅僅是默認。而且在正式承認之後，又在毫無反對的情況下實施了幾十年。因此，工部局所代表的上海自由市至少在一八九八年以後享受過長達幾十年的事實獨立是一個無可爭議的事實。這個事實足以構成在國際法上的理由，構成太平洋會議和其他國際和會解決上海問題的重要法理依據了。

一八九八年的時候，第一次諸夏聯盟和《東南互保條約》還沒有簽署，但是兩江總督衙門跟上海自由市的關係已經極其良好。在北京的滿洲帝國朝廷被義和團劫持、企圖向列強宣戰的時候，劉坤一主持的吳越紳商團體和湘軍殖民團體一致決定脫離滿洲朝廷，跟揚子江沿岸的東南亞各殖民地建立號稱「東南互保」的第一次諸夏聯盟。而第一次諸夏聯盟在成立以後，第一件事情就是跟上海自由市結成軍事聯盟，以便共同保護對於雙方都利益攸關的揚子江自由航行，有效地對抗了滿蒙殖民主義與義和團暴亂的威脅。這時，上海自由市的國運達到了其歷史的巔峰。

大可不欲過問的，但在上海租界內，無法覓得劉坤一要專意的實事。緊接著《土地章程》的修改，工部局又提出上海租界大擴充的要求，劉坤一竟然慷國家之慨，討外國人之好，說什麼『僕何靳惜片壤，固執不與』，並且正是他加任工部局代表帝國主義侵略分子福開森（J. C. Ferguson）為擴界兩代表之一，對上海租界進行了空前的大擴充。聯繫到幾個月後上海出現的東南互保的政治局面，劉坤一、福開森都是其中的積極人物，我們對劉坤一在《上海土地章程》及租界問題上這種輕鬆的賣國態度也可以了然了。」盧漢超：《「上海土地章程」研究》，引自譙樞銘、楊其民、王鵬程、鄭祖安、盧漢超：《上海史研究》，學林出版社，1984，第135-137頁。

14 「一八九九年租界大擴充後，上海道在一次公告中，通知各商民『嗣後公告租界內，除廟宇與官用地基外，均須照現行章程辦理，各宜遵守』對本國政府未正式批准的《土地章程》加以明確承認。清政府官員們這種對國家主權的可恥的輕率態度，被西方資產階級法學家們引為口實。一九二七年來上海研究公共租界情況的哈佛大學國際法教授赫德遜（M. O. Hudson）據此得出這樣的結論：『現有之《土地章程》須認為曾經地方下級官同意，上級政府之受拘束，只由於默許（acquiescence）而已。』三年後受工部局邀請專程來滬研究公共租界問題的南非費唐法官聲稱《土地章程》的效力『自一八九八年關於批准新章程之手續採行後，及一八九九年上海道台認許已有章程可施行於擴充後之面積上，更無可置疑之餘地。』」盧漢超：《「上海土地章程」研究》，引自譙樞銘、楊其民、王鵬程、鄭祖安、盧漢超：《上海史研究》，學林出版社，1984，第136-137頁。

「工部局代理總辦J. R. Jones於其Memorandum on Land Regulations（《費唐報告》頁六三至六七所附錄）輒認為清國政府之『放棄批准權利』（Waiver of the right of the Chinese Government to give its sanction），其所據者即南洋大臣之表示。費唐法官從而和之，謂該備忘錄表明「不問一八九九年以前一八六九年之土地章程的效力如何，自一八九八年關於批准新章程之手續採行後，及一八九九年上海道台認許已有章程可施行於擴充後之面積上，更無置疑之餘地。」道台之認許見於其布告：『茲通告各商民。嗣後公共租界內，除廟宇與官用地基外，均須照現行章程辦理，各宜遵守。』」徐公肅、丘謹璋著：《上海公共租界制度》，引自《上海公共租界史稿》，上海人民出版社，1980，第218-219頁。

四、上海自由市的法治、領土和主權者

多元並存的司法體系

清屬上海和清屬吳越的人口大量移民進入上海自由市，使得在上海自由市成立以前就已存在的、發生於上海口岸的族群鬥爭變得更加激烈了。族群鬥爭分為兩個部分，一部分是像希臘城邦創始者那樣一開始就擁有公民權的歐裔社會，主要就體現為英語系和非英語系的鬥爭，以及英語系內部大英帝國系和非大英帝國系的鬥爭。難民和移民這一方面，主要是吳越人和南粵人之間的鬥爭，而閩越人大致上是依附於南粵人的。

從歐裔社會這一方面來講，有產業者一開始就是自由市的公民，是有投票權的政治主體。但是由於政治事務並不重要，司法事務才是社會生活的主要部分，因此，司法體制的複雜性導致選擇不同司法體系的居民團體自然而然產生了隔閡。首先就是，以法國人為代表的這一撥歐洲大陸系的公民，他們對普通法的主導地位表示不滿。十九世紀的歐洲人，尤其是法國科學家，普遍有這種看法：普通法保存了太多的封建殘餘，在十九世紀這個進步的時代已經不合時宜了。以《拿破崙法典》為代表的進步的法國民法典和法國科學院制定的科學度量衡體系，比起充滿了中古色彩和封建色彩的英國體系來說先進不少，英國人只是憑著歷史因素才暫時占上風的。因此他們要求，在法國領事的支持之下，建立他們自己的司法系統。另一方面，同屬英語系的居民，原籍是美國的上海自由市公民，也不服占優勢的大英帝國系。他們認為，美國自從獨立以後已經是一個共和城邦了，英國的普通法保留了太多的封建特權色彩，不願意接受他們的審判，特別是不願意接受英國皇家樞密院的終審判決。

於是，歐裔社會的司法體系自然而然就一分為三。聲勢最大的那個當然是普通法體系[1]。它的終審法院就是英國樞密院和英國上議院。同時，香港英國高等法院和上海的法院享有同等權威，這一點給工部局製造了很多麻煩。我們要知道，工部局成立以前，上海自由市只有一些特殊的委員會；工部局成立以後，原有的各委員會和之後成立的各委員

1 上海的普通法「高等法院設立於一八六五年，當時兼管日本，稱為清日高等法院（The Supreme Court for China and Japan），後因日本已廢除領事裁判權，故改今名。該法院受理在清一切民刑案件，即屬於地方法院者，亦得受理之；而以離婚謀殺等特定案件，為其專屬之管轄。該院設有正推事一人，副推事若干人，均由英王任命之，以曾在英格蘭、蘇格蘭、愛爾蘭律師公會中享有七年以上之資格者為合格。以該院之管轄及於清國全境，故其正副推事得隨時巡迴各地領事法庭轄境，並得在各地開庭。又一為上訴法庭（appeal court），以法官三人組織之，對於民刑案件，皆可受理。凡地方領事法庭判決之民事案件，其訴訟價在二十五鎊以上者，得向該法庭上訴。其下者，須得地方法庭或上訴法庭之許可。惟刑事案件，則無論輕重，均得向該法庭上訴。訴訟案件，對於上訴法庭判決有不服者，得於法定期限內，上訴於英國樞密院。」徐公肅、丘謹璋著：《上海公共租界制度》，引自《上海公共租界史稿》，上海人民出版社，1980，第155-156頁。

會漸漸就被視為工部局的下屬。但是自由市在很長一段的時間內仍然沒有近代所謂的預算。當然，預算這個東西本來就是起源很晚的，即使是在預算產生最早的英國，也是格萊斯頓[2]內閣成立以後才有了我們今天嚴格意義上的預算。以前也是各種專款專用，辦一件事情籌一次款。而工部局就是為了這種籌款問題，不斷引起糾紛。很多驕傲的英裔市民認為，我們可以到皇家香港法院去取得不利於你的判決，如果我們不願意交某項款項的話。這樣一來，就給工部局和它的專門委員會製造了無數困難。但是在司法治理的基本原則之下，這種通過選擇其他的司法體系而給自己增加好處（至少是抱有給自己增加好處的希望）的事情肯定不僅是合法的，而且是正當的；它貫穿了上海自由市的全部歷史。

所謂的英系司法體系，只是相對於美系司法體系和法系司法體系而言，其實它的內部也是充滿分歧的。上海系和香港系其實內部也是對立的，而且兩方面的法院在上海自由市都是有權威的。特別嚴重的案件，例如關於土地權利的案件，往往要依靠樞密院和上議院的裁決。美國式的司法體系是以美國遠東法院為核心，以美國最高法院為終審判決的。這樣一來就等於是，上海自由市作為大清國和大英帝國這兩個宗主國的雙重宗主權之下的、類似於現代的列支敦士登和安道爾大公國這樣的小型城邦國家，它不像近代香港那樣有自己的終審權，終審權就在香港最高法院或者就在英國樞密院，而是有三個不同的終審法院。這在中世紀的威尼斯是完全正常的事情，威尼斯如果有什麼終審法院的話，那麼神聖羅馬皇帝、羅馬教廷和君士坦丁堡的皇帝都是它的終審法院。十九世紀中期和晚期的上海自由市也是這個樣子的，它有三個終審法院系統：A是英國樞密院和英國上議院，B是美國最高法院，C是路易—菲利浦王朝的法國上議院。

除此之外，在涉及上海和清屬各邦的移民和難民案件的時候，經常還有大清國的總理各國事務衙門，但是總理各國事務衙門的權力是虛的。理論上來講它可以行使權力，通過會審公堂、領事團、公使團，交涉到總理各國事務衙門。總理各國事務衙門的裁決對清裔難民和居民是有司法效力的。這是一個習慣法原則問題，大英帝國承認跟它交涉的和它統治的殖民地各邦人民按照自己原有的習慣生活，而大清國臣民原有的習慣則是行政和司法不分。行政官，例如縣官，他可以打你的屁股，也可以在關於財產權或者其他問題的官司當中充當法官。所以，儘管總理各國事務衙門是帝國的財政、軍事和外交單位，等於是一個第二內閣，但是它也對清國臣民享有最高司法權，對於清國的涉外案件享有最高司法

2 威廉·尤爾特·格萊斯頓（William Ewart Gladstone，1809—1898），英國自由黨政治家，曾任英國首相長達十二年、並四次出任財政大臣。提倡貿易自由主義，反對鴉片戰爭，因為廣受工人階級的支持而獲得「人民的威廉」的名譽。

權。只不過這個最高司法權只能夠作用到清國臣民頭上，驕傲的歐裔居民堅決不承認他們自己對總理各國事務衙門有任何義務。所以，就歐裔社會的角度來講只有三個最高法院。這三個最高法院彼此互不從屬。你要是高興的話，你可以像中世紀的英國人或者義大利人一樣，在三個不同的法院體系之間盪來盪去，在三者交替的三不管地帶和真空地帶自行其是，享有近代民族國家公民聞所未聞的巨大自由。上海一方面號稱是遠東的巴黎，另一方面又是各種走私和犯罪活動的核心，跟這一點也是很有關係的，就是你太容易在不同司法體系之間躲來躲去了。

美國的遠東法庭是涵蓋整個遠東的貿易口岸的，不僅包括上海，也包括日本橫濱和遠東的其他港口。英國上海法庭和英國香港法庭的情況則是各不相同，英國上海法庭像美國駐上海的遠東法庭一樣，它也是涵蓋清國、日本、韓國等遠東各口岸的；英國香港法庭的涵蓋範圍則不包括清國北部和日本、韓國，它包括清國南部，但也可以接受上海的上訴狀以及印度以東各口岸的上訴狀。也就是說，這兩個法庭的涵蓋範圍在揚子江流域是相互重疊的。從美國憲法的角度來講，美國最高法院接受各州的上訴狀是沒有問題的，因為最高法院就是為此而創立的；但是最高法院對海外領地（因為美國當時還是一個沒有殖民地的國家）的權力則是僅僅出於習慣和必要而建立起來的。法國由路易—菲利浦開創的那個模仿英國憲法的、以上議院為最高法院和審理各種嚴格來說不屬於法律而屬於政治和風化性質的事件的慣例，在由短暫的第二共和國轉化為拿破崙三世的第二帝國以後，變成跟法蘭西帝國和羅馬教廷的協議聯繫在一起了。其管轄權不僅及於法裔居民，而且及於海外的天主教徒。只要他們自願選擇法蘭西帝國的保護，那麼就可以運用法國法律來伸張他們的權利。

於是，歐裔社會的司法統治就變成了三種、四個法庭體系：英系法庭體系有兩個，美系一個，法系一個。這方面的衝突，最終導致法裔居民的公董局從上海自由市分裂出去。在歐

上海自由市的分裂 因為司法體系差異、文化不同以及利益衝突，一八六二年，法國退出上海自由市，另外籌組公董局。與工部局只須對納稅人會議負責而不受母國干預的情況不同，公董局聽命於母國的指揮，是法國在上海的代理機構。

裔社會這一方面，司法統治是最為重要的；但是在清裔臣民當中，司法統治就沒有那麼重要了。總理各國事務衙門、會審公堂、上海道台和江蘇巡撫正式和非正式行使的一系列司法和行政權，對於無論是清屬上海縣城還是遷入到上海自由市境內的吳越籍和其他各籍的清裔難民來說都是不太重要的。東南亞各殖民地共同的特點就是，它們自己團體內部的習慣法只適用於自身，不像是英國式的習慣法那樣有向外擴張的傾向。在他們跟他們的殖民者——滿洲人和英國人打交道的時候，他們採取的並不是延伸自己的習慣法或者輸出秩序的做法，而是通過腐敗政治，在不同活動集團的鬥爭當中打擊他們的競爭對手。

就清裔臣民社會這一方面來講，早在小刀會叛亂以前就已經存在著吳越人和南粵人之間的尖銳矛盾。吳健彰，歐洲人稱他為「爽官」，他是一個買辦洋行家族出身的人。他在上海推行的主要政策就是，企圖把鴉片戰爭以前在廣東搞得很習慣的那套公行制度推行到上海來。當然，他的三親六戚和各路關係人被他內定為這些假定有可能存在的上海公行的買辦。這種做法使得滿洲人、吳越人和英國人都表示極大的不滿。英國人表示，我們在自己國內已經廢除了東印度公司和特許貿易，正在向歐洲各國、乃至於全世界推銷偉大的自由貿易，我們一點兒也不想把我們自己在鴉片戰爭當中費了好大力氣才打垮的壟斷貿易制度搬到上海來，按照我們的意思，上海應該發展成為一個自由口岸。吳越人表示，上海縣本來是吳越的一個分支，無論南粵人還是英國人都是外來人，現在搞到客強主弱，人數最多、本來應該勢力最大的吳越人反而是最沒有發言權的，實在是對你們雙方都感到難以忍受。無論廣東人提出什麼要求，我們都要通過江蘇巡撫和兩江總督衙門去給你們搞破壞；我們的特點畢竟是士大夫階級眾多。無論廣東人說什麼，我們都要提醒滿洲人：第一，他們是非我族類其心必異；第二，他們有可能跟英國人聯合起來反對你們。

這一點對於滿洲人來說是特別值得擔心的。從滿洲人的心理來講，揚子江以南的整個東南亞就是屬於殖民地，南粵是不聽話的殖民地，而吳越是聽話的、合作的殖民地。所以，如果你查看十九世紀中葉的清方檔案，他們經常是「民」、「夷」並舉的，而且，特別害怕英國人施惠於「民」，唆使人民來反對滿洲人，這當然是因為滿洲人自己就是殖民者的緣故。「民」對它來說是被征服的異族，「夷」對它來說是一個無法征服的異族。如果這兩者合作起來的話，事情就很難辦了。廣東人會講英語，特別容易跟英國人勾搭起來。在我們這些不會講英語的滿洲人和吳越士大夫眼中，天知道你們雙方混在一起會搞出什麼名堂來。所以，在麟桂[3]擔任上海道台的時候，吳健彰很有辦法地往他口袋裡送了很

3 麟桂（生卒年不詳），滿洲鑲白旗人，一八四八年九月出任蘇松太道道台並駐紮在上海；十一月，與英國領事阿禮國簽

多錢，往他耳朵裡送了很多好話，通過他向朝廷提出偉大的公行計畫[4]；而吳越士大夫和滿洲人聯合起來，通過兩江總督陸建瀛，把麟桂這個地地道道的滿洲人給訓斥了一頓[5]。

他們說：「你不要老是說吳健彰最會辦事，跟英國人打交道的時候樣樣都是他辦得好。其實他沒有什麼了不起，他無非是會說英語、能夠跟英國商人直接交流而已。並不是所有的廣東人都會說英語。尤其重要的是，更不是所有的廣東人在政治上都是可靠的。我們雖然不好意思說吳健彰在政治上不可靠，因為他已經是朝廷命官了，所以我們說他是可靠的，但是我們也要知道，廣東是個出造反分子的地方。如果把政治上不可靠的廣東人弄進來，把上海的公行委託給他們，焉知他們會不會跟英國人合作起來造反。如果把政治上可靠、但其實也不會說英語的廣東人弄進來的話，那麼搞這幫廢物點心還真是何苦來的。麟桂啊麟桂，你真是一個大傻瓜！為什麼會聽信讒言，提出這樣的計畫？英國人本來就喜歡遇事生風。我們惹不起他們，只是希望安靜無事，好好敷衍過去。結果你居然在英國人還沒有生事的時候，你自己先生起事來。如果讓英國人知道這個計畫，他們再插一手的話，我們有完沒完啊？你簡直是個傻瓜。」

吳越商團VS.南粵商團

接下來，我們都知道，小刀會叛亂爆發了。小刀會叛亂在吳越人眼裡看來，根本就是南粵人在唱雙簧。一方面，萬惡的爽官吳健彰理論上來講是朝廷命官，是率領著大清國兵馬鎮壓劉麗川這個反賊的主將；另一方面，劉麗川也是廣東人，劉麗川帶著占領上海縣城造反的那撥人，根本就是吳健彰召集起來的那撥團練當中的廣東人。這等於是，廣東集團的武裝勢力一半歸了吳健彰，一半歸了劉麗川。而且，他們廣東人還是老鄉不打老鄉的。

訂協議，使上海英租界的面積大幅擴張；隔年四月則和法國人簽訂協議，開闢上海法租界。

4 上海道台麟桂「在上奏咸豐皇帝時說：『即如福建廈門之興泉永道，浙江寧波之寧紹台道，江蘇時之蘇松太道，皆用廣東籍貫之員，加以升銜，使五口聲氣相通。」因為他認為：「至夷人最懼粵人，且廣東人深悉夷情，素稱勇敢，遇事齊心，夷人雖忌而莫敢如何。』」梁元生（陳同譯）：《上海道台研究——轉變社會中之連絡人物，1843-1890》，上海古籍出版社，2003，第47頁。

5 兩江總督陸建瀛說：「該道（麟桂）見江蘇候補道吳健彰籍隸廣東，凡有華夷交涉之事，委會查辦，無不迎刃而解，因有此議。查夷商不通漢語，一任夷目從中撥弄，吳健彰通曉夷語，能以夷語向夷商開導，破其愚惑，夷目技無所施，故能無投不利。唯粵人未必皆能夷語，其能夷語者未必皆屬可靠，若如所請，海口道員專用粵人，誠如聖諭，恐更滋流弊。」梁元生（陳同譯）：《上海道台研究——轉變社會中之連絡人物，1843-1890》，上海古籍出版社，2003，第49頁。

吳健彰一度被劉麗川俘虜，按理來說的話，你既然要推翻大清，是不是應該把他殺了？但是沒有，劉麗川把他放走了。這很明顯，你們廣東人彼此之間是相互照顧的，是把朝廷當猴耍的。我們吳越士大夫對朝廷可是很忠心的，不能讓朝廷就這樣上當受騙。

尤其是，小刀會占領縣城的時候，上海自由市那邊的洋鬼子只顧貪利，名義上保持中立，實際上卻不斷地賣軍火彈藥給它。當然我們也承認，洋人也給大清國軍隊賣了不少軍火彈藥和物資補給，但這是兩回事。上海縣城被我們圍困著，如果你們洋人不賣軍火給它，它會徹底被困死；而我們大清國的揚子江口岸是開放的，一直都有洋人賣東西給我們，今後也會有洋人賣東西給我們。所以這兩者是不一樣的，上海自由市的洋人對我們只不過是錦上添花，對叛軍這方面就是雪中送炭了。叛軍沒有雪中送炭就會立刻餓死，我們沒有錦上添花還不至於餓死，所以實際上是叛軍占了便宜好不好。之所以會這樣，可不是我們上海縣城的吳越士大夫對朝廷不忠，而是你們這些喧賓奪主、鳩占鵲巢的廣東幫搞出來的事情。你們廣東幫在滿洲人和英國人之間耍手段，兩頭占便宜，讓我們吳越人兩頭吃虧，是可忍孰不可忍。

於是，在小刀會失敗以後，吳越士大夫發起反攻倒算，推行「去廣東化」運動，或者叫作「排粵運動」[6]。本來在小刀會之前，上海縣城和上海自由市之間的貿易，基本上是由吳健彰左右的那些廣東人占了七、八成，依附廣東人的閩越人占了二、三成，吳越人已經被擠得喘不過氣了；現在呢，採取系統性的排粵政策，能夠交給士大夫做的事情就絕對不交給廣東人。做生意的事情，蘇州的士大夫是不行的，但是我們至少還有寧波商人。吳越是有二元性的，浙東和浙西自古以來就不一樣。商人一般是寧波紹興人，這些人是自古以來的山越人，他們對在朝廷做官是不太擅長也不太高興的，他們在大明滅亡、大清興起的過程中是狠狠地參加了反清復明的；但是蘇州士大夫除了做官以外沒有別的職業，所以

6 「十九世紀中期發生於上海的商戰，主要就是在地區性集團之間展開的：一方是廣東和福建商人，另一方是以寧波幫為中堅的浙江商人。廣東和福建商人優勢明顯，他們有經驗，有廣泛的聯繫，而最為重要的是，他們懂外語。然而，他們的支配地位隨著十九世紀五〇年代中期小刀會的瓦解而結束。由於一些廣東和福建商人或是向小刀會捐錢，或是參與其中，所以，即使也有一些廣東商人支持（清）政府反小刀會以及對抗太平軍，但（清）政府當局仍然對廣東人存有疑慮，並對他們採取嚴厲的政策。在廣東人遭排斥的同時，寧波商人抓住機會從經濟上和政治上進入廣東人原來控制的領域，他們許多人成為外商洋行的買辦，如楊坊、王槐山、虞洽卿、徐春榮。在十九世紀下半葉，浙江商人逐漸成為上海最有勢力的團體。他們控制了大多數錢莊以及棉紡織業和絲綢業，也控制著上海總商會。寧波商人像廣東人一樣，敢作敢為，好冒險，在頗具風險的經濟活動中，大膽地採取行動。他們在另一方面，卻保持著傳統商業行會的那些明顯特徵，即如同保守的山西票號那樣，有十分嚴密的組織結合與很強的地域觀念，以及對經營業務持有壟斷的態度。在十九世紀中期和末期的上海，浙江商人和廣東商人之間的長期不和與敵視已轉化為政治性的爭鬥。在『去廣東化』（排粵）運動和『一八五五年大清洗』的期間，有許多寧波幫的商業領袖在幕後支持。」梁元生（陳同譯）：《上海道台研究——轉變社會中之連絡人物，1843-1890》，上海古籍出版社，2003，第117頁。

一般來說是忠於清人的，而到了清國成立以後也不太肯做隱士。王思任[7]所謂的「吳越乃報仇雪恥之鄉」，就像是周作人所說的那樣，主要指的是寧波人和紹興人，這些人對清國反感，對日本反而有好感。蘇州人和杭州人是很喜歡到清朝廷做官的，而明亡以後有很多浙東的士大夫不肯做官，寧願經商。即使經商是賤業，但是至少不用背叛大明去承侍大清。所以，寧波幫和紹興幫（合稱「寧紹幫」）有自己的商業傳統。雖然沒有南粵和閩越商人那麼強大，但是多少還是有的。

朝廷在排擠南粵和閩越買辦的時候，不可能沒有別的買辦來接手，因為朝廷的命官和士大夫是不會做這套的，因此他們就把寧紹幫捧起來。首先在上海縣城，其次在上海自由市內部，形成了寧紹幫和廣東幫的直接對立。朝廷和上海道台在長達幾十年的時間內採取了打壓廣東幫、扶持寧紹幫的政策。但是即使如此，到十九世紀末期，上海縣城基本上仍是寧紹幫和廣東幫平分秋色的狀態。上海自由市內部，廣肇公會和寧紹公會之間就是三比一的比例，廣東幫仍然占優勢。這個局勢是後來上海的吳越人（像虞洽卿[8]那類人）最終投奔共產黨的一個重要原因，因為他們在資本主義的民間社會內部，儘管他們是主而南粵人是客，但他們卻經常競爭不過南粵人。孫中山、莫榮新和陳炯明這些人都在上海有代辦處，基本上把上海當成了自己的外埠。這一點在吳越人看來，肯定像他們看待吳健彰和劉麗川在上海縣折騰一樣的不痛快。

上海自由市比較體面的資產階級社會，就是沒有公民權、但是錢賺得不少的人，形成了一個比較體面的有產階級社會，大致上就是以寧紹公會為核心的吳越人和以廣肇公會為核心的廣東幫。寧紹公會就是寧波和紹興這兩地的商人（主要是浙東商人）所形成的會所，廣肇公會則是以廣州和肇慶這兩地的商人（廣東商人）為核心所形成的會所。這兩個會所實際上也就是南粵民族和吳越民族在上海的民族核心。當時實際上沒有什麼中華民族、漢人或者華人的民族發明，真正具有實際凝聚力的民族核心就是這兩者。在下流社會和無產階級社會，則存在青幫、漕幫（青幫和漕幫在大多數時候是相互重疊的）、沙船幫和蘇北難民所形成的各個幫派。無論在歐洲人社會還是在體面的粵人和吳越人中產階級社會眼裡，他們都是充滿犯罪分子和不軌之徒的危險團體。

7 王思任（1574—1646），明代官員。南明弘光政權被清軍攻克、東閣大學士馬士英逃至浙江時，王思任曾寫信痛罵馬士英：「叛兵至則束手無措，強敵來則縮頸先逃……吳越乃報仇雪恥之鄉，非藏垢納污之地也。」

8 虞洽卿（1867—1945），清末民初企業家，早年曾在德商魯麟洋行擔任買辦，後改任華俄道勝銀行買辦，因為替俄商工作而開啟了日後他成為共產國際滲透上海自由市的間諜的契機。曾擔任上海自由市工部局華人董事，顯示他在政商方面具有高度影響力。

合併上海縣城與上海自由市？

一八六二年，上海自由市的寡頭做出了他們在上海自由市的歷史上最大膽的憲法實驗。他們公開向總理衙門和公使團提出將兩個上海合併，也就是上海自由市和清屬上海縣城合併，由雙方的有產階級所成立的議會組建成一個獨立的上海自由邦，這個上海自由邦將在滿洲殖民者和歐洲殖民者之間充當有效的緩衝。這個計畫就像華盛頓將軍吞併阿帕拉契以西直到密西西比河領土的美國擴張計畫一樣，遭到英國人和印第安人的共同反對，上海自由邦的計畫同時遭到英國人和滿洲人的反對。滿洲人反對的原因當然是不言而喻的，而英國人之所以也反對，跟英國喬治三世國王一定要壓制華盛頓將軍的邏輯也是完全相同的。國、共兩黨的歷史書會給你留下一個錯誤的印象，以為上海自由市是英帝國主義侵略的工具，但實際上恰好相反。如果沒有英帝國主義為了開拓重慶和揚子江內地市場以及維持大清國的存續、以免大清國崩潰而使得英國的維和部隊要在遠東負擔更高成本的理由下極力支持大清國、支持李鴻章，那麼上海自由市就會單方面宣布獨立了。並不是英國人以上海自由市為武器來侵略清國，而是恰好相反，英國人為了維持清國的存續，就像是比更士菲伯爵[9]為了維持奧斯曼帝國的存續一樣，一再壓迫上海自由市，使上海自由市在一八六二年到一八九八年這最有利的幾十年之內未能夠正式升級為獨立國家。

從上海自由市憲法的角度來講，從上海自由市的主權者構成的角度來講，從民族構建的角度來講，這都是很可惜的。就當時的情況而言，大有產者主持的納稅人會議和工部局是很容易就可以吸收上海縣的地主和商人的。我們要注意，在上海自由市的憲法體制當中，納稅人會議才是真正的議會，工部局只是議會委託的一個管理委員會。但是納稅人會議不是常設機構，每年只開一次會，而工部局卻是天天在做常設性機構。再加上選舉條件在財產方面有苛刻的規定，實際上只有大地主大資產階級才能夠參加納稅人會議。按照一八六九年修訂後的土地章程（也就是上海自由市的憲法），納稅人會議的天然成員是兩種人：第一種是，擁有價值在五百兩以上的房地產，並且納稅額在每年十兩以上的人；第二種是，租住房屋的商鋪經營者，每年租金超過五百兩銀子，並且納稅額在每年十兩以上的人。我們要注意，按照十九世紀中葉清國的物價水準，不要說是一年交租金五百兩銀

9 即班傑明．迪斯雷利（Benjamin Disraeli, 1st Earl of Beaconsfield，1804—1881），英國保守黨政治家，曾兩次出任首相，並擔任過財政大臣與下議院領袖，與當時的自由黨領導人威廉．格萊斯頓進行長期的政治鬥爭。由於當時屬奧斯曼帝國的蘇伊士運河是連結英國和印度之間的重要通道，如果奧斯曼帝國被俄國入侵或擊潰，勢必嚴重影響英印之間的聯繫，所以英國一直支持著奧斯曼帝國。

子，就連一年收入五百兩銀子都是很少見的事情。成都和蘇州的大地主，全部家產只有幾百兩甚至幾十兩銀子的比比皆是；而納稅人會議的參加資格是以五百兩白銀的租金額算起的，他的家產得有多大，你是可想而知的。所以，上海自由市的納稅人會議經常只有幾千人。

而且，作為資產階級民主的道成肉身，上海自由市的投票權實際上是算財產不算人的。假如我既是大地主又是大商人，我可以有不只一票的投票權。我在某地有價值五百兩銀子的物業，比如哈同花園[10]，那我就可以投一票；同時，我還辦了一個某某某洋行或進出口公司，該進出口公司的納稅額也超過十兩銀子，於是我就可以投兩票了。我不用親自參加會議，我可以派兩個律師處的代表來參加納稅人會議，分別替我投兩票。同時，我也不用親自參加會議，只要我的財產在，是財產在投票而不是人在投票，我可以派代理人，寫一份委託書。這就好像是，我人在美國而在上海有一座房子，我想賣掉它，我可以給律師寫一個委託書，讓他到上海去賣房子，我不用親自去，這是同一個道理。上海工部局和上海自由市納稅人會議憲法的核心精神就是，是財產在投票而不是人在投票。只要財產在，換人也沒有問題[11]。

那麼反過來說，如果按照一八六二年的上海自由邦計畫，兩個上海合併了，結果會怎樣呢？答案是選舉人團和工部局組織幾乎不會發生變化。從人口上來講只有幾千個合格納稅人、總居民頂多幾萬人的歐裔社會，面對著本來已經有幾十萬難民在上海自由市境內，現在又增加了至少十幾萬甚至幾十萬上海縣和周圍各鄉的居民，歐裔人口豈不是像南非和羅德西亞一樣變成絕對少數了？不會，居民人口結構的改變，並不會導致納稅人結構的戲劇性改變。納稅人當然也會增加一些原先的清國臣民、吳越士大夫和廣州商人之類的人，但是人數是很少的。很少有上海縣的大地主能夠一年交租金五百兩銀子的，這是天方夜譚。他們能拿出幾十兩銀子，在大清國就已經是當之無愧的紳糧了。交房租能夠高達數百

10 哈同（Silas Aaron Hardoon，1851—1931），猶太裔英國商人，是十九世紀末至二十世紀初上海的地產大亨，於一八八七年擔任上海法租界公董局董事，一八九八年改任上海公共租界工部局董事。一九〇四年他在靜安寺路購買三百畝的土地，興建當時上海最大的私人花園，也就是哈同花園。被譽為「上海的第五大道」的南京路，主要也是由他經營開發。

11 「納稅人會議之出席，有兩種特殊之制度：一為複票制（multiple voting），一人得投數票，如一代表其個人住宅納捐之資格，一代表其公司納捐之資格之類。惟章程第十九條規定：『每一洋行中，所發不能過一鬮。』又一為代投票制（proxy），即本人因故缺席時，得請人代表出席並投票。章程第十五條云：『凡房地產業主、執業業主例得議事鬮者，或自己到場或離境出門，給據與人代辦者，均在此內。』又第十九條云：『屆會議事件時，惟持有此等離境出門，因病未到之特書托辦字據人，方准代其鬮議。』此兩種制度均甚特別，尤以後者為甚。說者謂上海公共租界之市政稱為「大班政治」或「寡頭政治」，均與上述兩種制度有密切關係。」徐公肅、丘謹璋著：《上海公共租界制度》，引自《上海公共租界史稿》，上海人民出版社，1980，第103-110頁。

兩銀子的地主，在上海縣境內是鳳毛麟角，可能是有幾十個，但連一百個人都湊不到。

為什麼上海自由市的地主這麼有錢，而清屬上海縣城的地主就沒有錢呢？這個原因當然不用解釋。紐約曼哈頓的地價是什麼地價，新墨西哥州的地價又是什麼地價？不用說，新墨西哥州那一片沙漠附近的土地基本上是白送的，而曼哈頓則是寸土寸金。寸土寸金的地方，你收一點房租，大筆的銀子輕而易舉就到手了。相反地，上海縣城直到十九世紀末期還是一個連下水道和自來水都沒有的地方。上海縣城最有錢的就是本地的大地主了，但是這個大地主的不動產能夠像人口摩肩擦背的上海灘那樣即使一個閣樓都非常搶手、不怕不能高價租出去嗎？他也就是守著他爺爺、祖父、曾祖父、高祖父留下來的那一撥佃農，收一點種莊稼的土地租金而已，這個租金要湊足五百兩銀子是非常非常難的。同樣的道理，你在紐約賺的錢，在新墨西哥州能夠賺到同樣多的錢嗎？這是不可能的事情。在上海灘日進斗金是最起碼的事情，但如果在上海縣城，你一年都賺不到人家一天賺到的錢。

所以，如果說原來歐裔的選舉人團有幾千人的話，那麼在合併上海縣城以後，正常情況下只能加幾十人進去，頂多加幾百人進去。幾千個合格的歐裔選民，再加上幾百個原來上海縣境內的大地主和大商人，原有的選舉團結構基本上不會發生改變。而且，由於這時是十九世紀中期，大眾民主還沒有開始，一旦上海縣的精英階級（也就是大地主和大商人）被合併進入歐裔的選舉人團，那麼他們到了二十世紀初期是很容易送自家子弟上英語學校，在教育普及的過程中把英語教育普及開來，使得兩者自然而然融合為一的。不要說別的，直截了當地說就是像英國的獅子山人和美國的黑人只會說英語那樣，他們很容易就被吸收到以英語為主的社會內部，在上海民族形成的過程中使原先的吳越集團和南粵集團、英語集團和法語集團之間的隔閡漸漸消融，形成一個穩固的主權者團體。

但是合併計畫既然失敗了，那麼二十世紀的民族發明就要面臨更大的困境了。上海縣城的地主和商人的子弟在接受新式教育以後，有很多都變成了中華民族的發明家。他們不再企圖把上海縣和上海灘的歐洲人和東方人統統合併起來變成一個講英語的主權者團體，而是企圖把原先勢同水火的吳越人和南粵人合併起來發明成為中華民族，把原本是親英反越、反滿的南粵人跟吳越人和滿洲人合併成為一個中華民族團體。於是，上海縣就變成了上海自由市的死對頭，這就像是奉行穆加貝共產主義的辛巴威變成實施資本主義的羅德西亞的死對頭。上海縣城和上海自由市之間的戰爭是上海自由市最終滅亡的根本原因，而這個禍根就是在一八六二年合併失敗後所造成的。如果在一八六二年上海縣併入了上海自由市，上海縣的地主和商人變成了上海自由市資產階級選舉團的一部分，後來的發展就會完全不一樣了。這就像是，德克薩斯如果沒有在十九世紀併入美國，今天也會變成墨西哥的一部分，這是同一個道理。

這就是歷史選擇的關鍵時刻。在這個關鍵時刻，上海的大資產階級表現出了軟弱性，沒有把合併兩個上海的計畫堅持到底，結果為自己的子孫後代留下了後患。但是在十九世紀後期，在湘軍和淮軍從滿洲人手裡基本上收回了東南亞各殖民地實際統治權的時候，這一點是不太能看得出來的。上海自由市的所有鄰居，無論是兩江總督劉坤一還是其他什麼人，對上海採取的政策都是友善的。因此，開拓揚子江市場的利益非常大，好像政治問題拖到以後再解決也並非不可理解。在華盛頓將軍和傑弗遜總統的那個時代，黑人問題和奴隸制度問題拖幾十年再解決似乎也是順理成章的事情，我們的後代會比我們聰明，子孫後代會輕而易舉地解決這些問題。但是後來的事實證明，我們的後代面臨的情況比我們還不如，最終就要依靠戰爭來解決這方面的問題了。

一八六九年和一八九八年，土地章程又經過了兩次修正，但是並沒有改變上海自由市是一個威尼斯式的大資產階級寡頭共和國的本質。獲得公民權仍是非常困難的，沒有相應的財產資格而要獲得公民權，最常見的途徑就是參加上海義勇軍。上海義勇軍的參加者往往不是商號的老闆，而是夥計之類的人。老闆有五百兩白銀的產業，而夥計往往沒有。但是，加入上海義勇軍就經常可以獲得特批，進而獲得上海自由市的公民資格。這個公民資格就像是伯里克里斯時期外邦人要成為雅典公民的那個資格一樣，是非常難得到的，一年能有幾十個甚至是幾個就差不多了。被誤譯成「萬國商團」的上海義勇軍，人數本來就不多，平常的時候由英國軍官擔任它的指揮官，由英國國防部為它提供軍事裝備，人數經常只有幾百人。這幾百人所形成的退伍老兵，通常在某個時候會加入上海自由市的公民團。這就是整個十九世紀上海自由市除了財產資格以外獲得公民權的唯一途徑。這個途徑只能零星地增加一點公民，並不能夠完成大眾民主化的轉型和民族建構的工作。

很明顯地，以難民資格逃入上海自由市的吳越地主商人、移民到上海的南粵商人以及上海縣城（所謂的華界）的那些地主商人，他們幾乎不可能通過加入上海義勇軍而獲得公民資格。因此，主權者（納稅人會議的參加者就是上海自由市的主權者）的人數擴張得很慢、很慢。在一八五四年只有幾千人，在二十世紀初葉、甚至到一九一一年仍然只有幾千人。納稅人會議每年都要開會，但是開會的時候經常只有幾百人到場，而且這幾百人當中還有一部分是拿著業主委託書的律師。這樣一來，實際權力自然而然要落入工部局手裡。在這幾千個選民當中，通常只有百分之十五的人出席納稅人會議，而且還有很多人是代理人而不是真正的業主。他們自然而然只能夠批准一下工部局的建議，修改土地章程的建議、設立各委員會的建議、關於預算方面的建議，基本上都是工部局提出而納稅人會議很少能夠反對的。不用說，常設的工部局要通過各種操縱選舉的手段，操縱納稅人會議產生出有利於自己黨派的傾向，那是非常容易的。既然百分之八十的人根本不出席會議，我們要得到一個有利的條件，只要讓符合我們意見的那些納稅人多出席幾個就行了，反正大多數人都是不出席的。要增加我們的多數或者維持我們的多數，動員幾百個、或往往只是幾十個選民進來參加會議，就差不多可以解決問題了。所以，一般談論上海歷史的著作往往是眼中只有上海工部局而沒有納稅人會議的，儘管納稅人會議才是上海真正的主權者和議會，而工部局只是它的代理機構。

五、上海自由市的南非化和南越化（上）

普通中立VS.條約中立

一九〇〇年到一九一一年之間，上海自由市進入其歷史最高峰。我們要注意，這也是西方秩序輸入遠東、建立條約體系的最高峰。在一九〇〇年以前的幾十年內，工部局一直謹慎而小心地用積累歷史先例的方式給自己積累外交資源。幾乎在遠東發生的每一次戰爭中，工部局都巧妙地採取了維持中立的政策。正如後來費信惇[1]在他關於上海中立權利的著作中所說，「中立」這個概念本身不是像很多東方人想像的那樣，是什麼專制君主的立法，而是國際社會長期實踐的產物。什麼樣的中立能夠長期得到國際社會的尊重並付諸實施，中立的習慣規定就是什麼樣。

他把國際上認可的中立分為兩種。第一是「普通中立」[2]，是任何一個國家都可以宣布的中立權利，但是這並不意味著它有中立的義務。例如，美國在拿破崙戰爭期間曾經多次宣布中立，在普法戰爭期間也曾經宣布中立。但是如果美國政府高興的話，它通過適當的程序就可以加入戰爭，對法國、德國或英國宣戰。這種「普通中立」是不需要任何先決條件的。別的主權者是不是承認它，那是無關緊要的。比如說，美國人民作為主權者，是有能力給自己做主的，這就足夠了。主權者隨時都可以行使「普通中立」的權利，只要它自己有能力維持這一點。不用說，「普通中立」有一個弱點就是，它阻止不了其他有敵意的國家對它宣戰。例如，英國在一八一二年對美國宣戰，法國也差一點點在英法戰爭[3]期間對美國宣戰。美國人能夠維持中立，或者俄國人在普法戰爭的時候能夠維持中立，關鍵還是在於主權者是否有能力保衛自己的安全。

第二種中立，費信惇把它稱之為「規定中立」[4]。「規定中立」也可以翻譯成「條約

1 費信惇（Stirling Fessenden，1875—1944），於一九〇三年赴上海從事律師一職，自一九二〇年起進入工部局董事會，並於一九二三至一九二九年期間擔任工部局總董，隨後轉任工部局總裁，成為公共租界最高行政長官。上海許多重大事件都是在他任內發生，例如五卅運動、國民黨軍隊占領上海等，是影響上海近代歷史的重要政治人物。

2 「按國際法上之中立，有暫時的（或普通的）中立，與永久的（或規定的）中立之別。凡國家不參加他國間業已開始之戰爭者，謂之普通中立。凡國家在平時間，已早約定，絕不對他國開戰，亦絕不加入他國間之戰爭；其他國家，亦承認其中立而保障其獨立及領土完整者，謂之規定中立。費信惇氏在解釋公共租界中立之意義時，對於普通中立，有下列之解釋：『所謂中立國者，即出於自擇而不加入戰爭之國，易詞言之，中立國之行動，係出於自願，而不為外來之勢力或脅迫所左右。』費氏並謂：『工部局歷屆董事會，皆恪守公共租界為 中立區域，與中立國相類似之原則。』」《上海事件與上海公共租界之中立》，引自《上海公共租界史稿》，上海人民出版社，1980，第287頁。

3 指英法之間的第二次百年戰爭（1689—1815），隨著法蘭西第一帝國的瓦解，確立了英國成為「日不落帝國」的霸主地位。

4 「至所謂規定中立者，費信惇氏曾有如下之解釋：『國家之規定為中立，或由於通例，或出於條約。所謂通例者，其意義為默認，或以此種默認為基礎之慣例……比利時、瑞士以及盧森堡，皆為經由條約而規定中立國之例證。』」《上海事件與上海公共租界之中立》，引自《上海公共租界史稿》，上海人民出版社，1980，第288頁。

性質的中立」。條約性質的中立意味著，小國或者沒有能力維持自身獨立的附庸性質的政權，由於列強或者大國的擔保，因而能夠保證自己的中立和安全。這一點就涉及到主權者的定義問題。費信惇沒有詳細討論這方面的概念，對他來說，他的著作主要是論證一九三〇年代上海自由市和遠東議題中的上海問題，針對的是具體的問題，而不是對國際法的整個演化歷史做整體性的探究。所以，他並沒有詳細論證主權者的概念。

主權者的概念本身就是有廣義和狹義之分的。《西發里亞條約》意義上的主權者，法國絕對君主制支持者意義上的那種主權者，布丹[5]在《共和國》一書當中論證的主權者，是不包括一八三〇年以後的比利時王國和一八一五年以後的瑞士聯邦這樣的小國的。布丹意義上的主權者和《西發里亞條約》意義上的主權者，首先是指像路易十四這樣真正能夠隨時行使宣戰權的絕對君主，其次是指那些哪怕你在名義上是比如說神聖羅馬皇帝或奧斯曼蘇丹麾下的藩屬、但是實際上你手中擁有精兵強將而隨時可以對你的宗主宣戰的政權實體，例如薩克森公爵、威尼斯大公或者埃及總督就是這種意義上的主權者。

《西發里亞條約》意義上的主權者是純粹只看你的政治能力的。你能夠掌握戰爭與和平的權力，不論你的爵位是皇帝、國王、公爵還是總督，那是一點關係都沒有的。內莫爾公爵（Duke of Nemours）在法蘭西宮廷裡只是一個得寵或者不得寵的大臣，但是薩克森公爵在他自己的領地上就是一個堂堂的主權者。同一個奧斯曼帝國境內，敘利亞總督可以是讓蘇丹隨意生殺的臣子，但是埃及總督完全可以是擁有精兵、一再打敗奧斯曼蘇丹、但卻仍然有必要對奧斯曼蘇丹兼哈里發進行禮儀性進貢的主權者。

我們要注意，按照這種主權者的定義，今天的加拿大很難說是主權者。加拿大能否違反美國的意志而發動戰爭，是很成問題的。十九世紀的比利時並不是主權者。但是近代以來、特別是第一次世界大戰以後（這一點跟威爾遜主義的推行有相當密切的關係）普遍的外交禮儀是，將所有自稱為國家的政權，只要它能夠跟外國發生外交關係，都稱為主權國家，並假定它們的主權是不可侵犯的。這一點在《西發里亞條約》的實踐當中是沒有依據的。按照這種定義，比利時當然也是一個主權國家，儘管它並無能力維持自己的安全。即使它想要中立，如果沒有列強的保證，它並不比一九五七年的黎巴嫩更有能力維持自己的中立。但事實上它仍然能夠在近百年的時間內維持中立，依靠的就是五大國[6]的擔保。

5 布丹（Jean Bodin，1530—1596），法國律師、國會議員，在其代表作《國家六論》中描述主權是一種超越國民和法律的統治權，而這種權力來自神授或自然法；他還主張國家擁有對內最高、對外不受干預的主權能力。布丹因為建構了主權概念與理論，被視為政治科學之父。

6 指英國、法國、普魯士、奧地利、俄羅斯。

從英國人的角度來看，一八三〇年的比利時獨立意味著維也納會議詳細安排、希望能像薩丁尼亞王國[7]和普魯士王國一樣可以看守拿破崙法國邊疆的「荷蘭－比利時聯合王國」瓦解了。侵略成性的法國人在最危險、最敏感的北部邊疆打開了一個缺口，可以在布魯塞爾扶植一個親法的傀儡政權。這破壞了歐洲的國際平衡，威脅到英吉利海峽上的英國皇家海軍的安全。但比利時如果是一個中立國，這些問題就不存在了。英國人對荷蘭和比利時之間的糾紛不持意見，對奧蘭治王室有沒有資格統治比利時、奧蘭治王室跟布魯塞爾市民之間的關係也不偏袒任何一方。只要布魯塞爾的人民願意保證他們的獨立不會用來反對英國，你們想要趕走荷蘭人或者趕走奧蘭治親王，英國人都不反對；但是如果你們的獨立是為了把法國人引進來，那麼英國人非得反對你們不可。

於是在這種條件之下，由英國做主、五大國共同擔保，於一八三九年宣布比利時為永久中立國。對於普魯士、奧地利和俄羅斯來說，它們只是順水推舟，遵循維也納會議以來的外交慣例，討好一下英國就是了，並不需要付出什麼，也不可能得到什麼或者失去什麼。對於法國人來說，實際上法國與比利時合併、重建大法蘭西、恢復法蘭西天然邊疆的理想因此受到了致命的挫折，但是法國也不是毫無所得。相對於比利時歸屬於荷蘭，一個中立的比利時對法國還是更有利一些，但是達不到法國和比利時合併的那種有利程度。法國戰敗之後，經不起第二場拿破崙戰爭的摧殘，所以它滿足於僅僅讓使用法語的比利時從荷蘭獨立出來，即使做一個中立國也算是滿意了。於是，五大國共同擔保比利時為永久中立國。

早在這之前，國際聯盟重建了被拿破崙摧毀的瑞士聯邦，也同樣由神聖同盟的所有參與國（包括法蘭西君主國和東方三大君主國）共同擔保瑞士的永久中立。我們都知道，瑞士宣布永久中立後再也沒有受到侵犯，而比利時由於地理位置太敏感，永久中立遭到德國人的兩次侵犯。最終比利時在發現五大國的擔保並不能保證它的安全以後，放棄了永久中立國的原則，加入了美國所提倡的集體安全體系，也就是依靠北約來保證它的安全。

條約中立國不一定是狹義的主權者。雖然在一九一九年以後、更不要說是今天的國際慣例當中，即使是毫無自立能力的小國和弱國也經常被禮儀性地稱為主權國家，但是這個主權國家就像是中世紀時期的君主榮譽稱號一樣，跟主權不一定會發生關係。擁有「凱撒」榮譽稱號的人不一定是俄羅斯的沙皇，很可能只是拜占庭的一個宮廷弄臣。擁有哈里

7 薩丁尼亞王國北接拿破崙法國，具有圍堵法國的地理戰略價值；在拿破崙戰爭結束後，薩丁尼亞王國又成為歐陸兩大強權法國和奧地利之間的緩衝國。

發稱號的人不見得是伊斯蘭帝國的主權者，很可能只是開羅或者君士坦丁堡的一個傀儡。而沒有崇高頭銜的普普通通的一個總督，例如荷蘭總督奧蘭治親王或者埃及總督穆罕默德・阿里，卻是理直氣壯的主權者。

現代威爾遜主義產生的變化之一就是，以前只有真正的主權國家才會有大使這一級的外交官，弱國只有公使這一級；現在呢，為了面子起見，基本上所有國家都只派駐大使到其他國家，公使已經變成一個歷史名詞了，這樣就混淆了兩種不同意義上的主權者。狹義的主權者是真正的主權者，自己能夠掌握戰爭與和平的權力，但是它卻不一定有國家的資格。威尼斯共和國在其最強盛的時代，始終是拜占庭皇帝和神聖羅馬皇帝的雙重附庸國。

上海自由市的中立權其實至少最初是屬於協定或者條約中立。它像比利時王國一樣，經過了條約程序，首先由三大國，然後又擴充為英、法、義、美、德五大國，共同擔保上海自由市的中立[8]。但是它像威尼斯共和國和比利時王國一樣，自身並非是禮儀意義上的主權者。從禮儀上來講，大清皇帝和英國女王都是它的宗主，就像威尼斯共和國有東、西羅馬這兩個宗主皇帝的情況。

錢與槍炮：民族國家的基本要素

上海自由市早期的領導人利用遠東每一次的戰爭機會來重複和加強支持條約中立權的歷史先例。他們知道，國際法不是別的，就是歷史先例。瑞士之所以在今天仍然是永久中立國，是因為誰都沒有侵犯過它。比利時今天之所以不再是永久中立國，是因為它的中立已經遭到侵犯，事實證明它維持不了自己的中立。所以從一開始，在清法戰爭爆發的時候，上海自由市就禁止清國士兵經過上海，向列強宣示自己的中立，並且得到了列強的贊成。在清日戰爭的時候，日本率先（這一次是在英國的指導之下，因為日本在國際外交方面還是一個小學生）宣布支持上海自由市的中立。這一點得到了英國和上海方面的善意回應。

最後，最重要的一次就是一九〇〇年的八國聯軍之役。這一次戰役，導致了像奧斯曼帝國和神聖羅馬帝國一樣自身不具備主權者性質、而更像是一個由帝國演化而來的國際聯

8 「（一九三二年）二月二日，英、美、法、意、德五國公使照會中日兩國，提議畫上海為國際共管之中立區。國民政府表示同意。四日，國民政府外交部覆英、美各國照會云：『對於貴國政府所通知之提議，特行接受。』」中國人民政治協商會議廣東省委員會文史資料研究委員會編：《廣東文史資料》第四十九輯，廣東人民出版社，1986，第96頁。

盟的大清國徹底解體。北京的帝國政府在義和團的劫持之下公開向列強宣戰，而揚子江以南的東南亞各殖民地的總督，在本地士紳和新軍的支持之下公開宣布否定朝廷的命令。對於列強來說，這種行為就像是埃及總督穆罕默德·阿里拒絕服從蘇丹的命令一樣，已經宣布了埃及的事實獨立。

我們要注意，埃及形式上的獨立是在一九二二年奧斯曼帝國已經徹底解體以後才宣布的，但是早在梯也爾首相[9]的時代，埃及已經多次向土耳其宣戰，早已被英國和法國認定為主權國家了。從禮儀上來講，雖然英法兩國要派他們的公使去君士坦丁堡，而派駐開羅和亞歷山卓的只能是領事，但是這絲毫不妨礙穆罕默德·阿里實際上享有主權者的地位。在外交史和埃及民族國家的歷史上，他被視為埃及的君主。劉坤一和張之洞在一九〇〇年行使的權力，跟穆罕默德·阿里這位總督是毫無二致的。他們行使著主權者的權力，使楚國和吳國跟八國聯軍結合起來，反對北京的滿洲帝國政府。這時，上海自由市再次像瑞士聯邦一樣宣布它是武裝中立國，跟東南亞各國殖民地建立起來的東南互保聯盟簽署了安全協定。各位總督都表示願意尊重上海自由市的中立。

這時，上海自由市的國際地位和安全達到了歷史上的最高峰。從那時起一直到一九一一年辛亥獨立戰爭，上海自由市的中立地位和自我統治的獨立共和國地位都沒有受到質疑（這句話是阿禮國說的），積累了很多國際慣例。如果這樣的國際慣例再積累一百年，上海像新加坡一樣獨立是沒有問題的。但是這時，上海自由市面臨著歐洲國家、乃至於之後全世界都將面臨的重要問題，就是封建國家向民族國家過渡的問題。這個過渡的時間是相當晚的。對於中歐和東歐的大多數國家來說，時間不早於一八四八年。一八四八年以前，除了英法以外，很難說有哪些國家算得上是民族國家。

什麼是封建國家呢？它的權力是多元和散碎的。像上海自由市那樣，一國之內有好幾個不同系統的最高法院。工部局為了徵稅，經常跟英裔臣民打官司，英裔臣民打官司的花招最多。前者經常因為後者引用了香港法院的判決而敗訴，因此撈不到錢。工部局幾次修改土地章程，主要的刺激因素都是因為市政開支需要更多的錢，需要收更多的稅或者發行公債，而不願意交稅的人又跑到香港或者其他什麼地方去打官司，打贏了官司就收不到稅。為了收到更多的稅或者撈到更多的錢，它必須修改土地章程，強化工部局的權力。

這個過程，也正是奧地利、匈牙利、義大利、西班牙以及一七八九年法蘭西共和國建

9 阿道夫．梯也爾（Adolphe Thiers，1797—1877），法國政治家、歷史學家，擔任法國國王路易—菲利普一世的首相（1830—1848）。他支持埃及總督穆罕默德．阿里對奧斯曼帝國的政策，並反對其他列強組織軍隊干預埃及與奧斯曼帝國之間的戰爭。

立以後，在萊茵河以東和南歐的所有歐洲國家都要面臨的問題。什麼是民族國家？民族國家就是財政和軍事機器。財政和軍事機器，隨著在國際競爭和國際形勢的演化當中，財政需求日益增大，不斷尋找新的財政突破口，日益擴大、逐步形成了整個結構。上海自由市也是在這個階段，至少是在最初幾十年，經過了類似的發展史。

民族國家最終將資產階級和貴族聯合統治的封建國家變成了全民共同參與政治的民族或民主國家，根本原因還是因為財政和軍事壓力的擴大。最初只有少量貴族當兵就可以了，少量大資本家納稅就可以了。大多數普通人，中產階級和無產階級，不用當兵，也談不上納稅。但是不用說，這樣製造出來的國家就跟一八五四年土地章程建立的上海自由市和中世紀的威尼斯共和國一樣，它雖然創造了歷史，也以自由憲政的實踐著稱，但是它的財政與軍事能力按照拿破崙戰爭以後的國際競爭實踐來看還是太少了。

威尼斯共和國首先跌倒在拿破崙帝國的面前，然後跌倒在奧地利哈布斯堡君主國的手中，最後被試圖建構民族國家的義大利王國完全吞併，關鍵就是在這一點。而那些本來國家力量（包括財政和軍事力量）最初還不如威尼斯共和國的小國，例如像丹麥王國之類的，也是在同樣的時間，通過同樣的過程，幸運地在更加強大的鄰國把它吞併以前深化和強化了自己的財政與軍事能力。而深化和強化財政與軍事能力肯定意味著負擔的加重，最終要發展到第一次世界大戰以後的那種狀態。

這種狀態是我們現代人視為非常止常，但是中世紀的人會認為是駭人聽聞的暴政，即使是奧斯曼蘇丹那樣的東方專制暴君都難以想像、羅馬皇帝尼祿都難以想像的暴政，連號稱專制的路易十四都從來沒有想過用這樣的手段對付自己的人民——所有人都要納稅，所有人都要當兵。但是只有在這種情況之下才會產生我們今天看到的，美國和全世界大多數國家這樣空前強大的海、陸軍和國家機構，所有人都認為跟國家發生關係是不可避免的一種政治現狀。

當然，權利和義務是對等的。原本不納稅、不當兵的廣大人民，自從納稅和當兵以後也就獲得了參政權。這就是我們熟悉的政黨政治和民主政治。在民族國家建構成功以前，大眾民主和政黨是不必要的。普通人沒有必要參政，他不納稅、不當兵，他的領主會替他辦事情。民族國家建構成功以後，同樣沒有政治能力的人民只能通過政黨代理人來參加政治了。政黨政治和大眾民主是一體兩面，它們都是民族國家建構的產物。

一九一一年的世界，對民族國家還是非常陌生的。我們是用事後的理解來敘述歷史的。例如，明國的史學家肯定會把唐、宋、周、漢都寫成王朝，埃及晚期的編年史家也會把早期埃及哪怕是分裂和動亂的時代編成像魏晉南北朝那樣的一個一個的朝代。因為他們生活在明清時代的朝代政治，古典埃及的晚期也是朝代政治，歷史學家不能想像其他的統治形式，所以把相當於埃及的堯舜時代、春秋戰國時代、魏晉南北朝時代也都寫成了朝代。因為我們今天生活在民族國家的時代，所以我們的歷史學家也很容易用民族國家的敘事方式去寫民族國家以前的歷史。

因此大家經常忽視，哪怕是在一九一四年以前，東歐仍然是半封建國家。至少俄羅斯帝國和奧匈帝國根本不具備民族國家的性質，德意志帝國的民族國家建構也頗不完善，巴爾幹半島諸希臘的民族構建正處在嘗試階段。只有法蘭西是民族國家的典範，丹麥和義大利這樣的弱國在建構民族國家方面剛剛取得了一些成就。歐洲以外，拉丁美洲在獨立以後走上了民族國家建構的道路，亞洲和非洲大多數的地方根本不在民族國家的統治之下，而且連建構的條件都非常困難。日本在廢除封建國家以後，勉強建立了一個絕對君主國的政治機制，在絕對君主國的外殼之下又建立了一個帝國，但它在帝國和民族國家之間仍然還要徘徊幾十年。是第一次世界大戰以後，民族國家才在中歐和東歐獲得了勝利，然後向全世界推廣出去。

所以，我們也不能責備上海自由市的當權者為什麼沒有在一九〇〇年到一九一一年這個最有利的階段把選舉權普及到全民，把徵稅能力最大化，把上海義勇軍擴大成為正規的常備軍。如果他們當時這麼做的話，在一九一一年大清國解體、第二次諸夏聯盟締結、上海自由市的外交條件處在最高峰的時候，就可以輕而易舉地建立獨立國家。按照上海自由市在一九一一年的財力和兵力，滿洲帝國解體以後的各邦都督沒有哪一個能跟上海作對。他們單方面宣布獨立，是完全可以站得住腳的。尤其是，當時的各位總督跟劉坤一和張之洞一樣，是文明的朋友和自由主義者，基本上是不會反對上海獨立的。再過十年，同樣的有利條件就不存在了。但是要做到這一點，統治上海自由市的大資產階級要果斷地解放政權、實行普選制和全民兵役制才行；這一點是他們沒有想到的。

但也不僅是他們沒有想到，所有的歷史進程都是在極大壓力的推動之下才形成的。法蘭西共和國建構民族國家，是在法蘭西跟全歐洲封建國家作戰的過程中形成的；德國是經過了拿破崙戰爭的慘痛教訓以後，才漸漸走向民族發明道路的；義大利則是在拿破崙戰爭後的反覆革命和鎮壓、受盡了痛苦以後，才走向民族發明道路的；巴爾幹的諸希臘也是這樣的。在第一次世界大戰以前，日子還混得下去、甚至可以說相當好過的奧匈帝國和俄羅斯帝國的臣民，願意走向民族發明道路、甚至是聽過民族國家這個概念的人都是少數的；而奧匈帝國其實已經是非常文明的國家了，亞洲和非洲就更談不上。

上海自由市的財政和經濟狀態，在第一次世界大戰以前一直是蒸蒸日上的。巴斯德研究所（Pasteur Institute）的成就，在西歐以外最先傳到上海[10]。上海只比英法稍微晚一點使用電燈和煤氣，卻比丹麥和俄羅斯都要早。如果你單看物質文明的話，上海只是比英法美稍微晚一點，卻比易北河以東的整個歐洲都要更先進，更不用說比整個亞洲更加先進了。我們要注意，日本明治維新時候的志士很少有人有條件跑到歐美去遊歷的，但是他們大多數人都有條件去上海遊歷。主持明治維新的日本武士在幾十年間跑到上海來買英文翻譯書；很多明治維新的志士其實根本不懂英文，更不要說其他歐洲文字了。

他們到上海購買了兩樣東西。第一是上海自由市自由出售的大量軍火。沒有這些軍火，明治維新不可能成功。第二是上海出版的大量西洋書籍，而且大部分是翻譯成漢字的西洋書籍。大多數的明治維新志士能夠看懂漢字，因為日文當中有很多漢字，但是只有一小部分能懂英語或者歐洲語言。他們讀的是什麼呢？是王韜[11]、鄭觀應[12]這些人從歐洲翻譯過來的書。大清國的臣民很少讀這些書，而日本人如饑似渴地跑到上海自由市來購買這些書。這些書和武器，成就了日本的明治維新。

當然，日本明治維新的武士在自己的鄉下沒有見過電燈、煤氣燈和巴斯德研究所的疫苗，沒有見過閃閃發光的手術器械。他們到了大上海，就跟到了紐約的感覺是差不多的。這裡就是西洋，對於他們來說，上海就是西洋文明的化身。真正的西洋文明，倫敦、巴黎和紐約，他們是無法見到的。這時的日本人在上海人面前，看上去就像是鄉巴佬。他們做夢也沒有想到，他們的子孫會發現，上海的留學生願意跑到日本來打黑工、扛屍體、當苦力賺錢。而當時他們來到上海，在閃閃發光的高樓大廈面前，看每一個賣首飾或賣洋酒的售貨女郎都像是天上人，覺得自己就像是個鄉巴佬。

10 一八九〇年六月二十四日，上海市議會（Shanghai Municipal Council）討論引進巴斯德實驗室的議題。「會議宣讀了亨德森醫師來函，來函指出，假如他能立即與米勒斯醫師聯繫，則創建一座巴斯德接種法實驗室將會得到極大方便，因為可以從巴斯德本人的實驗室直接進口最新材料，而且可以在米勒斯醫師返回清國途中，由他負責保持材料的活性。」上海市檔案館編：《工部局董事會會議錄》第十冊，上海古籍出版社，第680頁。

11 王韜（1828—1897），清末翻譯家、改良派思想家，早年在上海結識傳教士麥都思，並擔任其助手協助翻譯《聖經》，後因為太平天國獻策而遭到清軍通緝，避居香港進而認識香港英華書院院長理雅各，並在他的邀請下於一八六七年至一八七〇年間遊歷歐洲。返回香港後，王韜於一八七四年創辦《循環日報》，發表政論、宣傳變法自強之策。王韜著作、譯作等身，翻譯了《華英通商事略》、《重學淺說》、《光學圖說》、《西國天學源流》等書，讓知識分子更有機會接觸到西方思想。

12 鄭觀應（1842—1922），清末民初思想家、教育家與實業家，早年在上海外商洋行擔任買辦，後接受李鴻章之託擔任上海機器織布局、上海電報局、輪船招商局總辦。一八八四年，隱居澳門，完成其代表作《盛世危言》，提出仿照西方國家的體制，設立議院、實施君主立憲，影響康有為、梁啟超、孫中山等人。

缺乏危機意識的富裕社會

兩者之間的命運發生這樣戲劇性的逆轉，根本原因還是因為上海民族國家的建構失敗了。建構失敗是因為，在日子好過的時候，也就是自由主義和條約體系的黃金時代，他們沒有像丹麥和義大利一樣受到「不建構民族國家，自身利益和安全就要受到嚴重損害」的壓力。他們根據的是過去幾十年的歷史經驗，他們輕而易舉地打敗了滿洲軍隊和粵軍，湘軍和淮軍把他們當作老師來對待。劉坤一和張之洞，黎元洪和程德全，都把他們當作老師和友邦來對待。他們沒有受到壓力，因此他們感覺不到丹麥人和義大利人那種迅速建構民族國家、否則在法蘭西和德意志的鐵蹄之下就難以生存的壓力。最後等到這種壓力在一九二五年以後真正產生的時候，他們已經沒有充分的時間來反應，因為內部的敵人已經產生了。

我們要注意，民族國家建構的過程也是國語和國民教育推行的過程。如果一八六二年兩個上海合併，以全民徵稅為代價推行國民教育，那麼這樣一個大上海必然是以英語為基礎教育語言的。上海縣城的地主鄉紳的子弟也會像今天的香港上層人士的子弟一樣，不學英文是不可能的。英文和上海共同意識，自然而然會構成上海民族。但是上海直到一九一九年、甚至一九二五年仍然是一個封建國家，所有人都使用自己的習慣法，用自己原有的方言。因此，上海的社會像是一七八九年的威尼斯共和國一樣，是分裂和破碎的。威尼斯共和國有威尼斯語言的使用者、有托斯卡納語言（就是後來的義大利語）的使用者、有達爾馬提亞語言（就是後來的克羅埃西亞語言）的使用者，還有移民到威尼斯、在威尼斯做生意的全世界各國人的各種語言，包括奧斯曼人的語言、荷蘭人的語言和英國人的語言。這就是為什麼威尼斯無法建構成一個民族國家的根本原因。

上海面臨著同樣的問題。上海的歐裔居民，用英語、法語、德語、俄語各種語言。亞裔居民呢，日本人自成一體，吳越人和南粵人通過廣肇公會和寧紹公會建立了自己的教育團體和同鄉會。實際上，上海存在著幾十個（還有印度人、南洋人和其他各種人）準封建團體。大納稅人——每年應該納稅的財產經工部局估價高達五百兩銀子的這批大富豪，選舉產生了工部局。工部局代替納稅人會議操縱著上海的整個治理。同時，所有各個小團體都可以實行自己的習慣法。在從事高級政治的時候，幾個不同系統的高等法院系統足夠讓他們滿意了；大家都不覺得有把所有團體整合為一個民族國家的必要性。

從工部局的角度來講，它能夠操縱納稅人會議，能夠評定納稅人的資格，能夠跟各個居民團體（包括人數最多的南粵團體和吳越團體）和睦相處並選擇自己的代理人，這就足夠了。當時寧紹公會和廣肇公會的代表，跟英國統治香港時期的工人團體一樣，對於他們的統治者是非常滿意的，並不想要求直接參政的權力，只要求在原有的司法多元化體制之下繼續享受比滿洲帝國更大的自治權就滿意了，因此他們也沒有產生出高級的政治精英。

類似香港工人團體的寧紹公會和廣肇公會，從人口的角度來講其實是上海自由市最大的兩個人口團體。大納稅人主要是英裔居民，再加上一些歐裔居民。論人口最多的話，則是代表吳越人的寧紹公會和代表南粵人的廣肇公會[13]。這兩個團體的人口加起來的話，從一九〇〇年到一九一一年實際上是超過上海自由市人口的半數的。但是從納稅額的角度來講，他們所占的納稅額在當時只占上海總納稅額的三分之一到五分之一。後來，在一九二〇年代和一九三〇年代，這個數目逐步增長，突破了百分之五十。這是上海發生憲法危機和外部顛覆的一個重要原因。直到一九一九年，上海的封建自由體制都沒有受到挑戰。上海的物質財富繼續蒸蒸日上，像是東亞境內的一個歐洲城市。

一九一一年以後，有利的國際形勢發生了變化。第一次世界大戰結束，歐洲國際體系遭受了重大的打擊。上海自由市在這一階段繼續宣布武裝中立，但是為了避免德國對國際體系的挑戰波及到東方，它也驅逐或者監視了所有的德國僑民。戰爭結束以後，凡爾賽會議企圖建立一個以威爾遜主義和民族國家為基礎的國際體系，以取代西發里亞體系和維也納體系。然而，由於蘇聯的出現，這一企圖未能獲得成功。蘇聯的干涉和歐洲帝國主義強國從遠東的撤退，導致第二次諸夏聯盟自身瀕臨解體。國民黨作為一個半南粵流亡政黨，這時候開始尋求蘇聯的支持。

在一九一九年以前，國民黨在上海的基地經常是比在廣東更強大的。國民黨跟廣肇公會之間的關係，通常就像孫中山跟陳炯明的關係一樣。孫中山是一個帝國主義者和革命黨，他想要以廣東和上海為基地，把滿洲帝國全部的領土都吃下來。而南粵人的地主資產階級以陳炯明為代表，經常是不支持他的。但是為了打擊北方其他的強大敵人，有的時候也願意支持他。支援他的目的是為了反對袁世凱和其他人。反對成功，北方的威脅解除以後，通常就要把他趕出去。孫中山企圖完全控制南粵人的社團，但是始終無法成功。他的

13 一九一五年三月三十一日，上海自由市議會（Shanghai Municipal Council）審議諸夏僑民諮詢委員會案。「董事們已經傳閱了當地諸夏同鄉會的備忘錄，該備忘錄表明：根據他們的年度收入和支出情況，可以斷定寧波同鄉會和廣肇公所占有絕對的優勢。古柏先生已獲悉在重大問題上，紹興人把他們自己與寧波同鄉會連在一起，而汕頭人則與廣肇公所結盟。愛士拉先生的調查表明：寧波同鄉會毫不含糊地代表吳越居民，而廣肇公所則代表南粵居民。在此情況下，對工部局來說，要讓任何一個小一些的同鄉會在擬設的諮詢委員會中均有代表參加，必須將委員會的人數擴大到五人以上，否則是行不通的。因而，工部局將此意答覆紹興同鄉會。古柏先生稱，董事們特別不希望有關這一問題的函件刊登在《工部局公報》上，因此，將由他作口頭答覆。」上海市檔案館編：《工部局董事會會議錄》第十九冊，上海古籍出版社，第594頁。

革命黨組織更多地依靠黑社會，跟商會之間的關係反而是十分失和的，孫中山始終對此非常惱火。他把自己的大元帥府設在上海，依靠南粵商人的支持，包括廣肇公會的支持，維持自己的排場。但是這兩個公會卻從來都不是他的可靠支持者，只能說是時分時合的聯盟對象。有的時候是孫中山的聯盟，有的時候又變成孫中山的敵人。而寧紹公會（也就是吳越人的組織）和歐裔社會對於孫中山來說始終是外人。

一九一九年的巴黎和會給孫中山提供了一個極好的機會。這時，孫中山剛剛跟護法軍政府的其他總裁鬧翻，把他的大本營遷到了上海來。廣州政府和北京政府正在上海自由市的提議之下在上海舉行外交斡旋活動。這也是一九一一年以來的傳統。當年第二次諸夏聯盟跟滿洲帝國的最後一位總理大臣袁世凱進行談判的時候，上海自由市就提出，談判可以在中立的上海進行。在那之後，諸夏各邦的多次外交糾紛都是在武裝中立的上海境內進行的，這已經成了傳統。因此，北京政府和廣州政府的這一次談判也是在上海舉行的。談判的主要內容之一就是，諸夏聯盟的鬥爭雙方能不能組成一個聯合代表團去參加巴黎和會。如果雙方聯合起來，組成一個統一的代表團到巴黎去參加會議，也許可以從列強那裡獲得更加優惠的條件；如果雙方談不攏的話，像拉丁美洲國家一樣以分散的各小邦身分參加，甚至落到根本就沒法參加的地步，好像對雙方都不划算。

最後，雙方達成了一個臨時協定：儘管雙方的糾紛並未解決，但是大致上還是按照財政方面五比一、外交方面一比一的方式，形成一個暫時的對歐外交聯盟。這個對歐外交聯盟顯然是對廣州有利的，因為廣州的實力正如它在財政方面所占的比例一樣只有北京方面的五分之一，但是在外交方面它獲得了一比一的權力。孫中山在護法軍政府方面的權力大概只占七分之一，但是在外交方面他就獨占了三分之二。無論是桂軍、粵軍還是滇軍，它們在國際活動方面的經驗都不如孫中山，孫中山至少是經常在日本和歐美跑的。他的黨派在南洋各地，遠至南非和美國，都設有支部。國民黨超過一半的經費是從南非、馬來亞和美國來的。而粵軍、滇軍和桂軍的外交觸角沒有伸得這麼遠。在廣州本土，滇、桂、粵聯合建立的護法軍政府當中，從它們設立的七總裁[14]就可以看出，國民黨只能占七分之一的發言權。但是，在護法軍政府派到北京方面的外交團體的代表當中，國民黨方面的人選占了三分之二；這種不平衡性使得孫中山可以四兩撥千斤。在南北雙方的聯合代表團當中，

14 一九一七年護法軍政府於廣州成立，由孫中山擔任陸海空大元帥，將以段祺瑞為首的北洋政府視為叛亂政權，展開護法戰爭。不過，隔年一月，滇軍首領唐繼堯、桂軍首領陸榮廷等人另組「護法各省聯合會議」，而護法軍政府也進行改組，將大元帥制改為總裁合議制，並選舉唐紹儀、唐繼堯、孫中山、伍廷芳、林葆懌、陸榮廷和岑春煊七人為總裁，明顯制衡了原本由孫中山一人大權在握的情形。

南方占一半，而南方派出的人選當中，國民黨又占了三分之二。

結果，在對上海問題的外交活動方面，基本上是國民黨掌握了發言權，因此聯合代表團在巴黎和會提出的方案基本上就是國民黨方案。這個方案也就產生了以國民黨在上海的基地為核心、重新整合上海自由市吳越裔和南粵裔居民的中華民族發明計畫。這個發明計畫，是上海自由市在一九四九年淪亡的根本原因。聯合代表團接受了國民黨方案，在巴黎和會提出的方案大致上可以說是這樣的：第一，要求工部局把選舉權擴充到全體居民（這些全體居民大部分是吳越人和南粵人的居民，歐裔居民在全體居民中已經居於少數）；第二，要求把第二次諸夏聯盟（也就是中華民國）從大清國那裡繼承下來的宗主權轉化為主權，要求上海自由市轉化為未來的中華民國的一個特別自治區[15]。這兩項要求在巴黎和會中都遭到了列強的斷然拒絕，但是它在以後幾十年逐步變成了國民黨的政策，最終導致了一九三五年的大上海計畫[16]。

國民黨強行收編吳越與南粵商團

在一九一九年以前，廣肇公會和寧紹公會是直接跟工部局打交道的，他們有非正式的顧問，但是他們並不要求除了諮詢權以外還享有其他任何權利。他們等於是默認自己的管理能力和從事近代議會政治的能力不如歐裔居民，而且他們也知道自己的身分不是僑民就是難民。工部局方面拒絕擴大選舉權的重要原因之一就是，一八五四年土地章程明確規定，禁止吳越人和其他外人進入上海自由市，然而小刀會和粵滿戰爭改變了這一切。出於人道主義，上海自由市接納了最初有二萬人、後來多達幾十萬人的難民，其中大多數是吳越難民。儘管後來經過了一八五五年的排粵運動，還是引進了更多原先已經在上海境內做生意和從事地下幫會活動的南粵人，使得吳越人和南粵人的後裔在上海自由市的居民當中占據了多數。但是他們的法律身分仍然是難民和僑民，按理來說並不是擴大選舉權的適當對象。而他們自己主要的代表機構——主要的商會和工團也不要求在上海取得參政權，頂多要求取得顧問的權利。工部局在一九一九年面臨國民黨方面提出的這些要求以後，就決定成立一個顧問委員會，讓寧紹公會和廣肇公會的商會代表參加顧問。他們認為，上海

15 《巴黎和會中國代表提案之一》，引自《上海公共租界史稿》，上海人民出版社，1980，第235頁。
16 為了與公共租界、法租界抗衡，位於南京的國民政府將原屬江蘇省寶山縣的閘北、江灣等地畫入上海市以擴大其範圍，並將原本偏遠的市中心（位於楓林橋地區）遷移至今日的楊浦區五角場一帶。最終動機，是因為透過大上海計畫，把原有的上海自由市給吞併下來。不過，隨著一九三七年淞滬會戰爆發，該計畫被迫停止實施。

的大多數居民，無論是公民、僑民還是難民，對這樣的安排都是非常滿意的。

但是這時，國民黨通過一九二五年北京政變[17]以後、段祺瑞經由執政府和善後會議所建立起來的那個聯合機構，掌握了對滬交涉的主權。一九一九年是第一步，由於巴黎和會，建立了南北聯合外交機構。一九二五年政變摧毀了第二次諸夏聯盟的法統以後，段祺瑞召集辛亥獨立戰爭的各憲法主體，在北京召開善後會議。在過渡時期內，又把對上海的主權交給了本來只是善後會議參加者之一的國民黨。一九一九年和一九二五年這兩次讓步或者說妥協，使得國民黨得以用「中華民國」的名義對上海的吳越人社團和南粵人社團進行地下經營。而在一九二五年，他們已經掌握了蘇聯交給他們的技術和組織資本，由王正廷[18]和虞洽卿主持，對上海的吳越人和南粵人進行改組。

王正廷　國民黨的外交家，透過組織納稅華人會，以「華人」之名強制領導、徵收上海自由市內吳越、南粵等商會的資源，並藉此影響工部局的運作，以達到國民黨占領上海自由市的企圖。

本來吳越人和南粵人是彼此敵視的主體，在一八五五年的排粵運動以後雙方的關係是更加惡劣的。從當時的角度來看，吳越人和南粵人聯合起來共同構建一個中華民族的可能性，比南粵人和印度人聯合起來共同構建一個南亞民族的可能性還小。但是從一九一九年到一九二五年之間，儘管國民黨無論是在北京還是廣州都不斷打敗仗，在上海自由市境內卻建立了強而有力的地下組織，由王正廷和虞洽卿主持，開始組織他們所謂的納稅華人會[19]。本來工部局是納稅人會議的政治代理人，納稅人會議是由納稅的原住民組成的，是大資產階級組成的，大多數是歐裔人。所謂的中華民族，是由彼此互不聯繫的南粵僑民和吳越難民構成的。在一九一九年以前，他們相互之間是仇視和隔閡的，根本沒有共同的組

17 又稱首都革命，發生於一九二五年十一月二十八日，由國民黨和共產黨共同策畫，企圖推翻以段祺瑞為首的北洋政府。不過，最後卻因馮玉祥領導的國民軍臨時改變主意，改為反政府的示威遊行。

18 王正廷（1882—1961），民國初期外交官、湖南省憲法起草人之一，曾先後擔任北洋政府、南京國民政府的外交部長，並接受國民黨指示，於上海自由市建立納稅華人會以爭取中國人對上海自由市的參政權。透過納稅華人會，國民黨得以打破原先南粵和吳越居民的對抗、寧紹公會和廣肇公會的對立，收編各商會組織的資源，擴大國民黨在上海自由市的影響力。

19 一九一九年巴黎和會召開，適逢公共租界納稅人會議通過增稅法案，由此激發華人商界的反增捐運動，同時提出解決華人代表問題。當年八月十六日，上海總商會召集商界代表開會，提出華人納稅會的建議。最終經上海總商會和英國駐滬總領事的商討，英方最終允許設立二位華人顧問作為華人參與市政的過渡手段。翌年四月七日，一九二〇年度納稅人會議召開，並通過了設立華人顧問委員會的議案，但否決了增加工部局華人董事案。上海商界對此表示暫時接受。一九二〇年十月十四日，公共租界納稅華人會召開首次會議。一週後，華人會選舉理事部成員，共計理事二十七人，候補理事十五人。

織。而國民黨命令王正廷建立一個納稅華人會這樣的組織，依靠蘇聯的支援，暗中串通一部分上層的代理人（像霍英東和董建華這一類型的人）。

建立一個這樣的組織，其實就是想要把本來在自己的社團中有很大代表性的寧紹公會和廣肇公會沖淡。寧紹公會和廣肇公會從財政和人力來講，本來是上海自由市超過半數居民的代表。但是國民黨製造的納稅華人會，首先用了華人這個名字，然後又由國民黨作為華人的代表，把團體的參加者由寧紹公會和廣肇公會擴展為多達幾十個，這幾十個組織包括很多只是像皮包公司一樣掛名的、由蔣介石這樣的炒股青年組成的國民黨代理機構，然後又組成了所謂的馬路商界聯合會。這樣的組織在國民黨的組織之下聯合起來，原有的實際上具有大部分人口和財政代表的寧紹公會和廣肇公會在納稅華人會當中的代表權就降低到只有二十分之一，另外二十分之十九都是由蔣介石和張靜江[20]這樣的國民黨白手套所組成的。

張靜江 上海富商，曾多次金援孫中山的革命事業，後來又與蔣介石交好，不只支持蔣介石接掌國民黨，又透過納稅華人會，協助國民黨將其勢力滲入上海自由市。

而廣肇公會和寧紹公會則處在一個尷尬的狀態。他們在上海自由市的身分是難民和僑民，不能夠理直氣壯地要求工部局員警的保護，因此他們就處在一個很容易被黑社會組織敲詐的位置。孫中山和他的國民黨利用黑社會組織敲詐南粵僑民是自古以來就有的事情，在一九一一年以前就開始了，一九一九年和一九二五年期間就做得更加厲害了。納稅華人會成立以後，敲詐的對象又擴大到了吳越人的頭上，這一次是通過虞洽卿這個共產國際間諜來做到的。虞洽卿通過東正教會，被共產國際在遠東的間諜機構收編，是一個很漫長而複雜的故事，此處就不詳細解釋了。我們只需要知道，國民黨在上海自由市的工作主要就是由王正廷這個外交家和虞洽卿這個匪諜聯合主持的，這就足夠了。如果沒有虞洽卿，國民黨很難把它的敲詐範圍擴大到吳越人身上。

兩邊都得不到保護的吳越商團和南粵商團，選擇了出錢免災的做法。一面繼續跟工部局合作，一面願意出錢支持國民黨，以免遭到國民黨控制的黑幫的打擊，一面在形式上願意加入他們。這就像是南粵的機器工人工會也加入了國民黨控制的總工會一樣，以免吃了

20 張靜江（1877—1950），在巴黎經商致富，並憑藉其財富多次資助孫中山與同盟會的革命活動。返回上海後又結識蔣介石，並把蔣介石引薦給孫中山；孫中山去世後，張靜江亦扶持蔣介石接掌國民黨，被稱為「國民黨四大元老之一」。

這個眼前虧。但是這樣一來，他們就使得國民黨可以理直氣壯地說，納稅華人會代表上海自由市所有的非歐美日裔居民，也就是大部分的上海自由市居民，可以理直氣壯地像美國黑人要求平等權利一樣，向上海自由市當局要求平等權利。在歐美各國的國際輿論——特別是進步的國際輿論當中，納稅華人會的鬥爭很像是曼德拉的非洲人國民大會[21]，這是多數有色人種反對少數白人壟斷政權的鬥爭，我們進步勢力應該予以同情。因此，上海工部局在國際輿論和國際外交當中就漸漸落了下風。

但是他們還有一個比曼德拉更加糟糕的特點：在納稅華人會的背後，還有共產國際的手通過國民黨伸入了上海自由市。上海自由市在二十世紀二、三〇年代以後日益走向毀滅，盛極而衰，關鍵就是由於這個結構。第一個危險的白手套，類似於非洲人國民大會這個白手套，是在一九一九年的外交危機中產生的。它在一九二五年的五卅運動[22]當中公然扮演了顛覆者的角色，在一九二六年黨軍進入吳越以後就赤裸裸地扮演了裡應外合的角色。

21 非洲人國民大會簡稱「非國大」，其正式名稱為非洲民族議會，創立於一九一二年，致力於替南非黑人爭取政治與經濟權利。自一八四八年南非的白人政府實施種族隔離政策之後，非國大發起一系列的非武裝抗爭活動，但在一九六〇年的示威中有六十九位示威民眾被軍警槍殺後，該組織放棄非暴力抗爭，建立軍事組織「民族之矛」，並由曼德拉擔任總司令。一九九二年種族隔離政策遭廢除，非國大在一九九四年的選舉中獲勝，由曼德拉當選南非首任黑人總統。

22 一九二五年，上海、青島等地的工人發起遊行抗爭，抗議日商棉紗廠隨意毆打且非法開除工人。國民黨見有機可趁，便組織工人和學生，計畫於五月三十日在上海公共租界裡展開示威遊行。然而，當天遊行卻遭到當局強力鎮壓，十三人死亡、四十多人受傷，是為「五卅慘案」，此後更加劇國內反軍閥、反帝國主義的輿論，上海自由市因此展開了全面的罷工、罷課、罷市。

六、上海自由市的南非化和南越化（中）

南非化：自治階級的過度膨脹

自由秩序的退化，在很多情況下是出於兩個主要因素。第一個因素就是南非化。南非化的意義就是，少數能夠有效維持自由秩序的社會在其擴張過程當中擴張得太快，吸收了太多的外來移民、土著居民或者其他本身組織能力較差、對於維持複雜的自由社會缺乏經驗的群體，而這些群體占據了社會的大多數，使本來運作良好的自由社會的群體反而變成了少數，在某些歷史時期就會導致憲法意義上的自由倒退；符合這種條件的典型案例就是非洲西部的賴比瑞亞和非洲南部的南非。

南非問題經常跟種族隔離或者種族問題聯繫在一起，但是實際上，涉及憲法的部分，它跟種族和膚色黑白沒有什麼明顯的關係。最明顯的反例就是賴比瑞亞。賴比瑞亞是由美國黑人在西非建立的國家，它的憲法和社會結構都跟一八六〇年內戰以前的美國南方各州非常相似。只不過這些非常熟悉美國南方憲法結構的美國自由黑人在這裡建國以後，把他們自己變成了一個統治西非本地黑人的上層社會。在美國黑人的圈子內部，好像時間還停留在一八五〇年的美國南方各州。除了統治者的膚色由白色變成黑色以外，一切都沒有發生什麼變化。如果不考慮建立賴比瑞亞的這些美國黑人，以及被他們通過跟英法訂立條約而畫入賴比瑞亞領土和保護地的這些原先既不知道有賴比瑞亞也不知道有英國和法國的非洲黑人部落，那麼賴比瑞亞本身可以說是一個非洲自由民主的燈塔；它把一八六〇年以前美國南方各州的憲法結構一直維持到了冷戰時期。

從形式上來看，它是一個高度自由民主的國家，有自由的政黨和媒體，有定期選舉的總統和副總統。但是，能夠講英語的這些美國黑人，在賴比瑞亞和英法簽訂條約、畫給賴比瑞亞的這塊廣大領土上，其實只占了極小的部分，大部分的居民是所謂的非洲本土黑人。他們不講英語，但這只是次要原因，重要的是他們原先習慣的生活方式跟美國南方各州曾經執行過的那種有效的共和體制是格格不入的。在他們還能消極服從美國黑人統治者的時候，賴比瑞亞看上去還像是非洲的自由民主燈塔，等到他們放棄了自己原有的部落生活，進入現代社會，發現自己的民主權利只是在形式上存在，實際上遭受了外邦人和被殖民者的待遇時，衝突就爆發了。最終在大眾民主的參與爆炸之下，賴比瑞亞不再是非洲自由民主的典範了，而是一個充滿內戰、童子軍和恐怖傳聞的國家。在這次頓挫之中，原先統治賴比瑞亞的那些講英語的美國黑人的後裔，有很多人都遭到了叛軍的屠殺。一九五〇年，賴比瑞亞還是一個秩序井然、像太平盛世一樣的國家；但是到了一九八〇年，就已經是充滿黑市武器、童子軍、非法屠殺、經常被聯合國維和人員放在報告上的危險地帶了。

南非和羅德西亞的情況與此相似。它原先能夠在種族隔離的前提之下，在少數白人建國者社會的內部維持自由民主。但前提條件是，多數的有色人種是沒有政治權利、長期受到不平等待遇的。然而，一旦解除了種族隔離，使得所有種族都獲得完全相同的民主權利，那麼羅德西亞就迅速變成了辛巴威，變成了一個充滿恐怖和政治迫害的共產主義國家。政治迫害的大多數受害者當然不是原先的白人統治者——有很多人都已經逃離了。雖然也有一部分的白人統治者變成了受害者，例如那些被暗殺或者槍殺的白人農場主，但是主要的受害者仍然是黑人，這些黑人的日子比過去在少數白人統治者的統治下還要差。南非的情況則沒有那麼糟糕，主要是依靠非國大的吸納機制。但是，儘管非國大自身的吸納機制有大量外資進入，卻仍然使南非變成了一個愛滋病橫行、社會治安非常糟糕、許多在種族隔離時代統治南非的白人精英外流的地方。從很多指標來看，現在的南非甚至不如種族隔離時代的南非。

問題出在哪呢？問題就在南非、羅德西亞和賴比瑞亞的精英階級過多和過早地擴充了他們的邊界。我們可以設想，假如移民到西非的美國黑人在建立社區的時候嚴格保持邊界，不像英法那些殖民主義大國一樣貪圖領土，讓那些除了膚色都是黑色以外、在政治和社會習慣上沒有共同之處的其他非洲部落留在自己的邊界之外，無論是他們自己獨立還是被英法殖民，始終維持一條完整的邊界，那麼情況就會大不相同。像近代以色列的創始人所說的那樣，只有勞工和資本家都是猶太人的時候，一個猶太國家才有可能既是獨立的又是民主的；如果猶太人用外族勞工來為他們勞動的話，那麼它要麼就不再是一個猶太國家，要麼就不再是一個民主國家了。

賴比瑞亞的美國黑人統治者，南非和羅德西亞的白人統治者，都犯了這方面的錯誤。他們貪圖經濟上的短暫好處，過早和過快地擴充了他們的邊界，使自己在本國變成了少數。這樣一來，自由和民主就發生了衝突。他們要維持自己的傳統自由，就必須把多數人（無論這些多數人是移民、難民還是土著）排斥在政治社會之外。居住在同樣的地方，又把多數人排斥在政治社會之外，這就引起了民主和自由相衝突的問題。民主的實現毀滅了自由，導致了自由的倒退。但是如果不讓民主實現、少數人的內部維持自由，那麼在大眾民主來臨、原先對本地政治毫不關心的原始部落民、外來移民或難民不再只是關心經濟而不問政治權利的時候，那就不可避免地要發生內戰；而要是少數統治者在內戰中獲得勝利的話，他們也會不得不放棄自己的自由，採取類似法西斯式的手段。

上海自由市的問題正是如此。我們如果回溯歷史的話，上海自由市的納稅人在上海自由市的邊界之內逐步變成少數的時機，首先就是從太平軍粵滿戰爭和小刀會叛亂開始的。接納難民最初是出於人道主義，後來則是出於經濟上的目的。大量的難民推高了上海灘的房價，使得最初在這裡建城的拓殖者的後裔在經濟上有利可圖。但是從法律上來講，根據《土地章程》，這些人要麼是難民，要麼是移民。即使通過參加上海義勇軍的方式逐步獲得公民權，公民人數的增加也是很緩慢的；而上海的經濟繁榮又迅速地吸引了更多的移民來臨。移民和難民增加的速度，大大超過了上海原住民、建城者後裔依靠自然繁殖和歸化增加的速度。一九一一年諸夏獨立戰爭以後，獨立的諸夏各邦很快就爆發了一系列新的戰爭。這些戰爭又把更多的難民送進了上海自由市，使得太平天國粵滿戰爭時代的問題放大了幾十倍，最終使得擁有公民權、選舉工部局的納稅人會議在上海自由市的全部居民當中淪為極少數。

可以這麼說，在整個十九世紀，這個問題是不存在的。像賴比瑞亞在建國初期的那些被賴比瑞亞和英法的條約畫在賴比瑞亞境內、然而從來就不知道什麼叫國家、也從來不知道什麼叫總統選舉的黑人部落一樣，移民或逃亡進入上海自由市的吳越人、南粵人或其他什麼人的大腦裡也不知道什麼叫共和國。他們所能夠接觸到的工部局的法律，無非是隨地吐痰就要罰款之類的事情。他們感受到的便利就是，法院的公平和正直，財產權得到了保護，道契土地證書比起大清國發的那些充滿混亂和糾紛的土地證書更為方便，上海自由市對私有財產（哪怕是難民的私有財產）的保護可以說是驚人地好。一個人哪怕最初是家破人亡逃到上海來，他也會發現自己中了頭彩。他自己賺的錢所得到的保護，比那些留在他的家鄉、哪怕是做了士大夫或當了官的同鄉和同宗都要好得多。這樣一來，不可避免地要在幾十年的時間內，大量的資本在上海集中起來，把上海變成了整個遠東的經濟中心。它的經濟優勢不僅超過大清國的其他部分，而且還長期超過了日本和韓國。在明治維新以後的幾十年，日本內地的絕大多數城市不論經濟水準和現代化生活的便利程度，都是遠遠不如上海自由市的。當然，這樣的情況又吸引了更多的非法打工者。

工部局，正如費唐法官所說的那樣，它是一個有限政府。這意味著，第一，它是一個可以訴訟的主體；第二，它撈錢的手段十分有限。它要不斷為了這個稅能不能收、你該不該交錢的問題，跟廣大納稅人打官司，撈每一筆錢都是十分困難的。對它來說，採取苟且的做法，也就是發行勞動執照，是更好的選擇。本來你不是上海人，根本沒有資格在上海工作，但是你可以給工部局交一筆錢，買一個工作執照。哪怕是最窮苦的人，只有一身勞力，一個蘇北難民跑到這裡來，和同鄉湊一筆錢，向工部局買一個勞動許可證，比如說人力車勞動許可證，就可以在上海住下來了。上海工部局通過出賣勞動許可證或勞動執照的方式，繞過了徵稅前須取得納稅人會議同意的極大困難，為自己撈到了大量的收入，使得上海的市政建設能夠進行，但是這樣做也埋下了隱憂。

這就等於是，在伯里克里斯[1]時代的雅典，假如把雅典公民權或者哪怕是雅典居留權標價出售的話，那麼全希臘世界、乃至於整個地中海世界不知道要有多少人會出來購買雅典的居留權（哪怕是公民權到不了手）。第一代人可能僅僅滿足於居留權和勞動權，而第三代人會做什麼呢？他們會覺得，我們跟原住民相比處處吃虧，即使我們都住在同一個雅典城，這是憑什麼？你說我們祖先不是雅典人，但是我們在雅典也住了三代了。你讓我們永遠上不上、下不下，這是不太可能的吧。你不能說，「你們原先是從色雷斯來的，請你們滾回色雷斯」。老天爺，那是我爺爺從色雷斯來的，我爸爸是一直住在雅典的，而我是在雅典出生的，色雷斯的語言我完全不懂，到了色雷斯我也沒有任何生存能力。就算只是出於人道主義，你也不能把我送回色雷斯。而且，我在色雷斯的公民權（假如祖輩有的話）已經是完全不存在了，在雅典本地又沒有公民權，那麼你該怎麼處置我們呢，要不要開放公民權給我們呢？為了開放公民權的問題，希臘和羅馬的共和城邦曾經鬧得天翻地覆。羅馬的義大利同盟者為了要取得跟羅馬公民同樣的權利，甚至結成聯盟，發動了同盟者戰爭[2]，向羅馬人宣戰。這麼做的目的僅僅是，我們都是義大利人，憑什麼你們羅馬人有羅馬公民權，而我們只有同盟者的同盟權利？這個做法就相當於是，北約其他成員國集體向美國宣戰，因為他們的公民沒有美國公民權。

工部局在十九世紀採取的這些做法，在幾十年內是可以相安無事的，但是在二十世紀，大眾民主在歐洲實現以後不可避免要波及遠東的時候，就為自己種下了南非化的隱憂。而所謂的「南越化」，指的當然就是越南共和國被共產勢力吞併的模式。它指的是，一個堅強的恐怖組織，在雖然有些混亂、但還能夠維持得下去的社會內部，有效地恐嚇畏威而不懷德的費拉[3]大眾。這些費拉大眾原有的統治者雖然談不上民主，但至少是仁慈的，不會因為費拉的背叛而懲罰他們。結果，費拉大眾傾向於服從那些有能力懲罰他們的人，而不是服從那些既不懲罰又不保護他們的人。如果僅僅是有廣大的費拉群眾存在的

---

1 伯里克里斯（Pericles，前495—前429），雅典黃金時期的政治家、演説家、將領。他大力推廣文化藝術，並主持許多建築工程，重視民主政策，被視為推動雅典民主改革的重要人物，讓當時的雅典產生了一批如蘇格拉底、柏拉圖等知名的哲學家。此外，他也領導雅典力抗斯巴達的入侵。

2 同盟者戰爭（Social War，前91—前88），發生在羅馬共和國和昔日盟國如馬爾西、薩莫奈、盧卡尼亞等之間的戰爭。

3 費拉（Fellah），來自於阿拉伯語，意指「農夫」，指涉對象主要為埃及農民，據統計埃及迄今仍有約百分之六十的埃及人口屬於「費拉」；德國學者史賓格勒在其著作《西方的沒落》曾使用「文化性質的費拉」（德語：Fellachentum）指涉「文明晚期階段的最後之人」；而劉仲敬所使用的「費拉」主要採納史賓格勒的概念，不單指埃及農民，而是指長久受到征服者或統治者的保障和壓迫下，喪失保護自身共同體意願及能力的「順民」。

話，原有的不民主、但還算仁慈的統治者是可以維持其統治的；但是由於恐怖組織的捲入，使得費拉大眾被恐怖組織控制，導致了整個政體完全被顛覆。

既是商人又是間諜的虞洽卿

這第二個問題是在一九二〇年代後期才在上海自由市存在的。我們從二十世紀歷史發展的經歷可以看出，如果上海自由市只面臨著一個南非化的問題，那麼它還不至於淪亡。它可能會退化到跟東南亞國家（例如馬來西亞和泰國）差不多的水準，但還不至於徹底毀滅。如果僅僅面臨南越化的問題，由於恐怖組織的進攻是全世界所有文明國家（無論是何種宗教信仰，無論是自由民主社會還是傳統的威權型社會）的共同威脅，它也可能遭到直接的打擊而被遏制。上海面臨的問題就是，它幾乎是同時，前腳搭著後腳，面臨著南非化問題和南越化問題的合擊，而且南越化問題還搭了南非化問題的便車。

這種情況就好像是，南非共產黨加入了非國大，像共產黨控制國民黨那樣從內部控制了曼德拉政府，然後南非才剛剛取消種族隔離，共產黨就在非國大內部發動政變，把南非變成了一個共產主義國家。那樣的話，南非的情況就跟今天的辛巴威毫無區別了，全國人民都要挨餓了。南非之所以避免了這一點，是因為南非的和平協議是在蘇聯解體以後才開始達成的，是在清共和清黨的前提之下，非國大才取得了政權。因此，非國大取得了政權，而南非共產黨卻沒有取得政權。所以，南非雖然面臨著眾多的問題，至少還沒有變成辛巴威，將來還可以合理地抱有希望：占多數的、五花八門的、其實自己本身並不構成一個民族、而是毋寧說構成了很多個不同民族（例如祖魯人或者其他不同的部族）的不同來源的居民，在足夠長的時間的訓練以後也許能夠逐漸提高他們的水準，在歷史一度曲折之後能夠發展到更高的水準。但是如果像辛巴威或者一九四九年的上海那樣，那就是徹底毀滅，再也沒有希望了。

在上海自由市的移民和難民當中，勢力最大的就是吳越人和南粵人，而吳越人又是人數最多的。當然，還有蘇北難民和從事體力勞動的其他各種人。在十九世紀末、二十世紀初，他們的社會狀態大致上是這樣的：強大的寧紹商團和廣肇商團主持他們的公會，跟工部局保持了非正式的合作關係。工部局曾經多次企圖把他們納入自己的顧問委員會體制內。這種做法跟英國人在香港和功能組別之間的關係是非常相似的。廣肇公會和寧紹公會的商人雖然占據了有組織的商人的大部分，但是從數量上來講還有大量的游商和孤立的小商，他們的數量比起這兩個公會的大資本家要多得多。勞動者一般來說是處在幫會組織和同鄉會的控制之下，例如像青幫和沙船幫，他們就是不同系統的水手幫會。蘇北人組成的黃包車夫有他們自己的幫會。如果沒有比較強的、像青幫這樣強大的幫會的話，那麼他們就會組織比較小的、以一個縣或幾個縣為單位的同鄉會；勞動者的組合，大致上就是這樣的。不論是勞動者的組合或企業家的組合，他們都不想加入工部局的選舉人團，而像是第一代移民到法國的中東穆斯林一樣，只想在法國和上海獲得比自己在原居住地更富裕、更安全的生活，這些對他們來說就已經足夠了。

吳越商團當中有一位著名人物，在上海自由市的毀滅當中扮演了極其重要的角色，他就是虞洽卿；他的經歷就能說明很多問題。上海工部局在十九世紀末是傾向於有秩序地開放選舉權的，辦法之一就是把義勇軍的範圍加以擴大。他們希望，比較老的、在上海已經賺了很多錢的、身家殷實的人，如果只看財產而不看德性，按理說已經可以符合資產階級民主的標準，可以通過加入上海義勇軍作為進入上海資產階級選民團內部的條件了。因此在十九世紀末葉，工部局就主動提出，原先由歐裔選民組成的納稅人會議，現在可以不分種族地開放。希望長期定居、甚至已經定居了幾代人的吳越移民和日本移民當中符合條件的，通過組織自己的義勇軍支隊，加入上海義勇軍，加入這個選舉人團。在日本人這一方面，這個建議沒有遭遇任何困難就獲得了實施。到二十世紀二〇年代，工部局的董事當中已經經常有日本人的面孔出現了，但是在吳越人這方面就遇到了很大的阻礙。

這件事情的經手人恰好就是虞洽卿[4]。他就發現，在有錢的、已經在上海定居了幾代人的吳越人當中，仍然存在著非常濃厚的「好男不當兵」的思想，而不是像歐洲貴族那樣以身先士卒為榮譽。他為了組織他的支隊，不得不聘請一些錢不多、但是論勇敢卻比哪怕是吳越的地主和資產階級強得多的歐洲浪人來做他的軍官。為了湊足人數，他又採取了吳越地主階級和資產階級經常做的做法：雇用一些本來打算去做更夫的窮人，讓他們像打工一樣領取軍餉來做他的士兵。這樣一來，他所組織的支隊就變成一支由白人（主要是歐洲人）當軍官[5]、由以工資為目的而不是以榮譽為目的的吳越窮人當士兵的特殊部隊。這樣的部隊其實完全不符合義勇軍的定義，但是工部局也知道，虞洽卿已經盡力了。在他所在

4 黃振世《我眼中的虞洽卿》：虞洽卿等認為有組織「華人商團」之必要，乃與華比銀行買辦胡寄梅、花旗銀行買辦袁恒之等，發起組織華商體操會（即上海義勇隊中華隊之前身）。

5 黃振世《我眼中的虞洽卿》：虞向工部局申請編隊時，英人歧視中華隊，規定：（一）隊長要由英人擔任；（二）中華隊隊只准操演時發槍，操畢交還，不得攜帶回家，而「萬國商團」其他國家的隊員並無此項限制。對於英人這一無理規定，中華隊員大為不滿，虞洽卿力勸暫時忍耐，以後慢慢交涉。如此過了五、六年，工部局才同意中華隊員准許攜帶槍枝回家，而隊長一職，仍由英人擔任。直到民國十年（一九二一），因英籍隊長回國，才由副隊長徐通浩升任上尉代理隊長。

的社會當中，換了別人也做不出更好的成就來。於是，這個支隊就作為上海義勇軍的一個像拖油瓶和雞肋一樣的尾巴，一直存續到二十世紀三〇年代。工部局沒有辦法擺脫他們，但是私下則認為，這些人的戰鬥力遠遠不如過去由英裔居民和美裔居民組成的那些志願軍，也遠遠不如工部局在第一次世界大戰以後組織的、由白俄[6]難民組成的軍團。

後來在上海自由市走向南越化道路的時候，控制了上海自由市很多商會和工會的匪諜理直氣壯地說，日本帝國主義跟英美法帝國主義一樣，是在上海壓迫我們工人階級和勞動人民的。他們沒有想到，距離明治維新不算太遠的一八九〇年代，上海的日本移民和上海的大清國各邦移民的法律地位是完全相等的，工部局提供給他們的條件是完全相等的。區區幾十年時間，也就二、三十年時間過去了，日本就變成了帝國主義的一環，而你們仍然是被壓迫群眾的一環。這個局勢跟李鴻章和明治維新那批人的格局是一樣的。明治維新開始的時間並不比大清國的同光中興更早，列強給他們的機會是差不多的。如果有什麼差別的話，恐怕列強（特別是英國人）最初還是更偏袒李鴻章的。結果，也是幾十年以後，起點相同的雙方，日本變成了列強之一和帝國主義者，而你們仍然是反帝愛國運動的主角。這個差距，如果被恐怖組織劫持的群眾肯認真放棄自己虛假的、無益的虛榮心想一想的話，會得出很多「良藥苦口利於病」、對自己的虛榮心和膨脹的自我不利、但是對自己和子孫後代的前途非常有利的結論。

但是無論如何，站在虞洽卿本人的立場來講，他這樣辦事，再加上我接下來要提到的出身和其他方面的問題，使得他跟在上海工部局居於主流地位、講英語的英裔統治者的關係更加惡化了，也使得他在吳越人社團內部處在一個相當尷尬的地位，因為吳越人社團至少在十九世紀末期比較傾向於實行跟占統治地位的英國人合作的政策。虞洽卿一方面是辦事不力，在盎格魯人和吳越人看來，他都沒有把事情辦好。盎格魯人認為，他搞了一幫跟大清國雇傭兵差不多、根本配不上做上海義勇軍的人混進來。吳越人的意見則是，他給我們增加了很多負擔，卻無法為我們在統治上海自由市的白人面前爭得更高的地位；這簡直是兩頭不是人。更嚴重的事情就是，大多數吳越移民是靠英國人吃飯的，是靠給大英帝國其他各邦的臣民做買辦，給英國本土的英國人做買辦，給統治上海自由市的盎格魯人做買辦、做勞工或者為這些人服務的服務業者而漸漸發達起來的，因此他們傾向於崇拜和依附盎格魯人。而虞洽卿是一個很有能力的商人，他發財致富主要依靠他某一次成功的投機，

6 本書的「白俄」一詞是指反對蘇聯共產黨的俄羅斯政治勢力，和今日的「白俄羅斯」無關。

這次成功的投機把他變成了俄羅斯亞細亞銀行[7]在上海的主要買辦，也使他捲入了親俄派和親英派的糾紛。

本來照虞洽卿的出身，照他自己的德性、品德和辦事方式的話，可以說這個人是注定要賺錢的，但是賺錢的速度不見得比寧波商人或者從無錫跑到上海來做生意的商人更快。他之所以能夠一下子突然變成巨富，憑他的財富，能夠在工部局和吳越商會面前都算得上是響噹噹的人物，主要是因為他攀上了俄羅斯亞細亞銀行這條線，變成了俄羅斯亞細亞銀行在上海的主要買辦和代理人。俄羅斯亞細亞銀行有一個更常見的華文名字叫做華俄道勝銀行，這個銀行組織的主要目的就是為了修建滿洲鐵路。當然，銀行是俄羅斯皇帝保護下的銀行，但是資本主要是依靠俄羅斯帝國

①

②

虞洽卿　吳越商團的領導人物（圖1），在上海政經界具有影響力。隨著布爾什維克於一九一七年十月革命奪權，原本擔任華俄道勝銀行（圖2）買辦的他決定為俄國的新政府服務，也因此成為蘇聯共產黨在上海的代理人。

反對德國的主要盟友——法蘭西共和國在巴黎籌集的資本。由於上海是遠東第一大碼頭，所以俄羅斯亞細亞銀行也必須在上海設立辦事機構。直截了當地說，他們就是需要有一個地頭蛇做自己的買辦。在親英派占據主要優勢的上海人當中，他們很難找到一個又內行、又能幹、又忠於俄國人而不是忠於盎格魯人的代理人，因此他們的價碼出得很高，於是虞洽卿就去應聘了[8]。他做事做得很成功，由一個普普通通的殷實商人變成一個超級巨富，變成盎格魯人和吳越人雖然討厭、但都非得重用不可的人。

但是，他既然變成了俄國人的買辦，在十九世紀末、二十世紀初圍繞著滿洲宮廷的英俄鬥爭當中，他也就自動站到了他的主人俄國人那一邊。因此在盎格魯人看來，他像是慈禧太后身邊的那些保守派人士和簽訂《清俄密約》的李鴻章一樣，是促使大清國保守化的一個罪魁禍首。滿蒙貴族當中的很多人，以及後期被日本人打敗而急於報復日本人的李鴻章的淮軍，都在慈禧太后的身邊進讒言：「不要相信英國人和那些親英派的鬼話，說什麼只有立憲制和議會制才能拯救我們。俄羅斯帝國是一個專制國家，它仍然是世界列

7 俄羅斯亞細亞銀行成立於一八九五年，是代表俄國在清國（以及後來的中華民國）利益的金融機構，最初的資本來自俄國、法國和清國，並且在上海、漢口、天津等地設有分行。

8 一九〇二年，虞洽卿辭去魯麟洋行的職務，改任華俄道勝銀行買辦。

強之一。如果我們走俄國的道路，接受俄國的保護，不一定非要聽他們的話不可。」滿洲鐵路的修建和俄國勢力在朝鮮宮廷和清國宮廷勢力的增長，李鴻章和俄羅斯亞細亞銀行都負有相當大的責任。這樣一來，虞洽卿既然是俄羅斯亞細亞銀行在上海的代理人，那麼他也免不了在上海的金融市場上為俄羅斯亞細亞銀行籌款，為親俄派勢力找錢。這樣自然而然就觸犯了親英派勢力的利益，變成了親英派勢力眼中雖然不是眼中釘、但至少是有點討人嫌的角色。而他自己在一方面討人嫌以後，在另一方面必然要進一步依附上海的俄羅斯人社區和俄羅斯帝國駐上海的領事。為了進一步融入親俄派社會團體，他最終皈依了東正教[9]，變成了吳越人當中第一批的東正教徒。等到二十世紀二〇年代的時候，他已經變成東正教會的長老了。

他在當時（十九世紀末期）大概沒有預見到他跟俄國人的生意來往會把他拖到什麼樣的地步，他也不可能預見到布爾什維克將來的政變。在他為工部局組織上海義勇軍分隊的時候，他只是南非化進程的一個代表。他等於是工部局企圖擴大統治基礎、準備要收編的那些吳越資產階級的議員。在這個時候他如果完全成功了，最壞的情況，上海頂多南非化。也就是說，有朝一日上海工部局的董事將不再由盎格魯人主導，而是由吳越商人主導。這一點還算不上是致命的。關鍵就在於，他所依附的東正教會和俄羅斯商團在布爾什維克政變之後都面臨著致命的困境。這個俄羅斯僑民社會和上海的東正教社會本身，在布爾什維克政變以後迅速地變成了匪諜和反共復國軍交戰的戰場。

南越化：共產國際的全面滲透

從蘇聯國家安全委員會（簡稱「KGB」）[10]的角度來看，帝國主義還是第二大危險，因為他們至少不貪圖俄國的土地。而俄國白軍、志願軍和流亡白俄才是他們的心腹大患。這些人如果在國外獲得了很多政治資本和經濟資本，他們不可避免要反攻復國。所以我們必須主動出擊，以東正教社會為主要攻擊目標，一方面要徹底摧毀海外東正教社區內部的反布爾什維克勢力，一方面要依託這些雖然是我們的政敵、但畢竟跟我們一樣是講俄語的社會來做我們滲透西方社會的培養器皿和病毒傳播基地。這兩個目的，基本上KGB

9 虞洽卿是為數極少的華人東正教徒之一，教名安利烈・帕夫洛維奇・虞。一九三五年成立上海中國正教協會時，便由他擔任會長。

10 蘇聯國家安全委員會是蘇聯的情報機構，冷戰期間被認為是全球效率最高的情報蒐集單位。該機構成立於一九五四年，並於一九九一年蘇聯解體後解散，位於俄羅斯境內的單位改組為今日的俄羅斯聯邦安全局。

上海白俄　俄國爆發十月革命之後，一部分不願服從布爾什維克的俄國人遷居至上海自由市和法租界內，形成信奉東正教的俄國人社群（圖1），並仍擁有武裝力量（圖2）。不過，因為不懂英語、漢語，又無法享有和其他歐裔居民一樣的治外法權，使得一部分的白俄難民從事犯罪活動，造成社會隱憂。

都達到了，比較天真的西方人沒有意識到後來會出現什麼樣的事情。

後來，克倫斯基[11]的陸軍部副部長薩溫科夫[12]就被他的朋友所欺騙了。他老人家逃到西方以後自然是一天到晚到處宣傳，克倫斯基政府才是代表自由民主的、真正的俄羅斯合法政府，布爾什維克政府是政變產生的非法政府，俄國人民不會容忍布爾什維克，早晚會推翻布爾什維克、請我們回去的。他一天到晚這樣宣傳，終於有一天，他的朋友向他報告，俄國國內有反布爾什維克組織開始懷念他老人家了，請他老人家回國。於是他就興沖沖地回國，結果一回國就落入KGB的手中。當然，那個騙他的人是個匪諜，但他確實也是薩溫科夫的老朋友，是跟薩溫科夫同一批逃往西方的政治難民。俄國志願軍鄧尼金[13]和弗蘭格爾[14]的繼承人逃到法國以後，把白軍組織改成俄國軍人聯合會以後，也被自己的參謀總長綁架回俄國。這一次不是騙回去的，而是直截了當地就在法國被綁架，像貨物一樣

---

11 亞歷山大・克倫斯基（Alexander Kerensky，1881—1970）俄國政治家、革命家，領導二月革命推翻沙皇統治，並出任臨時政府總理，在外交上則支持俄國繼續參加第一次世界大戰。不過，隨著戰事連連失利，再加上國內經濟動盪，導致其政權在十月革命後被推翻，而他先是流亡法國，之後又移民美國，繼續從事反對蘇聯的活動。

12 鮑里斯・薩溫科夫（Boris Savinkov，1879—1925），俄國作家、革命家，社會革命黨戰鬥組織的領導人之一，在推翻羅曼諾夫王朝的俄國臨時政府中擔任陸軍部副部長，並在反對布爾什維克的武裝抗爭失敗後移居國外，一九二四年被誘騙回國並遭到逮捕。

13 安東・鄧尼金（Anton Denikin，1872—1947），俄羅斯帝國將領、白軍領袖之一，在第一次世界大戰期間擔任軍隊司令，十月革命後領導白軍對抗布爾什維克和紅軍，失敗後流亡法國。

14 彼得・弗蘭格爾（Pyotr Wrangel，1878—1928），俄羅斯帝國軍官，參加過日俄戰爭和第一次世界大戰，十月革命爆發後曾參與反對布爾什維克的武裝抗爭，因失敗而流亡法國。

放回船上運回蘇聯去了。他也沒有料到，自己的參謀總長，跟他一起共患難的老朋友，居然是KGB派來的間諜。

當然，這兩個人在他們當初離開俄羅斯的時候還不是間諜，但是流亡者要在海外生存卻放不下原有的架子，那是很困難的。他們人人都覺得，自己是跟克里孟梭[15]平起平坐的人，布爾什維克只是一時之患，回去以後自己還是當部長的料。要讓他跟從塞內加爾或者阿爾及利亞來的苦力勞工一起老老實實打工賺錢，人家是拉不下這個面子的。人家是高貴偉大的政治家和統治者，堂堂的部長、總司令和參謀總長呢。首先，排場是要有的，我住的房子怎麼樣也不能比法蘭西共和國的內閣部長差吧。我隨時都可以反攻復國的，不能夠住得寒酸。其次，我絕對不能跟那些非洲殖民地居民一起打工。那麼我還能怎樣呢？當然就是到處借錢欠債。當然，過不了多久我就搞得一身空，欠了幾百萬的債。花了幾千萬的錢去組織反攻復國軍，但每一次反攻復國都以全軍覆沒為結果，欠下的債務按照資本主義的規矩全算在我自己的頭上。資本家和銀行家才不管你有沒有從事光榮、偉大、正確的反共事業，人家只問你，「你是不是欠我錢了？快還錢！快還錢！」

債主一天到晚上門討債，總有一天你會熬不住。如果突然有人送錢上門，你就會熬不住，不顧任何條件地接受他的援助。而這一次，送錢上門的很可能就是KGB。然後，你就會由偉大光榮的反共戰士變成欠了KGB無數錢的人。只要KGB放棄你，你馬上就要落到債主手裡面去。而且比這還要糟糕的是，KGB隨時都可以揭發你，說你就是匪諜，讓你身敗名裂，直接在法國坐牢。這時候，你就是「馬行在夾道內，我難以回馬」，你只好硬著頭皮執行KGB交給你的所有任務。至少在執行這個任務的期間，你仍然能在法國混事。當然你也知道，有朝一日鳥盡弓藏的時候，假如你把KGB的任務全部執行完了，把流亡在法蘭西的所有白俄全都騙回、綁架回蘇聯去處決或流放到西伯利亞了，而KGB也用不著你的那一天，KGB也會把你召回去，跟被你出賣的那些人一樣，該槍斃的槍斃，該流放的流放，或者是直截了當地出賣你，把你交給法國員警。但是，你這時候已經像一個吸毒者一樣了，你明知道再打海洛因就是死，但是不打海洛因的話，你今天晚上就過不了。打了海洛因的話，也許你明年或後年死得很慘，但至少今天晚上的這一關過了；人就是這樣一步步落入深淵的。只要你在海外沒有適當的經濟來源，又非得維持原先曾經有過、但是現在早已失去的社會地位，你早晚要走到這條路上來。

15 克里孟梭（Georges Clemenceau，1841—1929），法國政治家、共和主義者，曾兩次擔任法國總理，在一九一九年舉行的巴黎和會中主張嚴懲德國，被稱為「法蘭西之虎」、「勝利之父」。

東正教的社團跟其他基督教的社團還有一個不同之處就是，自彼得大帝以來，東正教的社團一向是特別依賴國家的。你可能會說，他們依賴的是沙皇陛下的政府，布爾什維克殺掉了沙皇陛下，所有的東正教徒都應該跟布爾什維克不共戴天。沒錯，嘴上是這麼說的，但是東正教會既然平時就是在組織上和金錢上依賴沙皇的，沙皇一旦倒了以後，他們有沒有謀生能力呢？沒有，他們的謀生能力是最差的。謀生能力的好壞跟你在教義上屬於哪一派是一點關係都沒有的。那種在教義上往往乏善可陳、甚至根本沒有什麼教義、但是一開始就沒有任何支持者而是全靠自己的組織，例如救世軍[16]這樣的組織，打從一開始就被有人包養的英國國教會長老嘲笑，被赫胥黎這樣的知識分子嘲笑，它自己也承認自己在神學上站不住腳，但是它是依靠自己籌款養活自己的。假如有朝一日英國王室倒台，那麼救世軍應該是不受影響的。美國因為是政教分離的國家，幾乎所有的基督教會都是自己養自己的，所以他們不太會因政治上的波動而受到影響。至於歐洲大陸就經常有國教會存在，例如瑞典和普魯士都有自己的路德宗國教會，它們的依賴性就要大一些。但是依賴性最大的還是東正教會，例如上海的東正教會和北京的東正教會都十分不妙地依賴於庚子賠款中付給俄國人的那一筆錢。

這一點非常要命。布爾什維克一旦奪權，就要求取締北京的俄羅斯帝國和俄羅斯共和國大使館所控制的那一部分庚款。由於俄羅斯帝國政府和俄羅斯共和國政府已經不復存在了，所以他們的外交官在北京的公使館和在上海的領事館都站不住腳，不久就喪失了權力。於是，依靠他們過日子的那些人，包括很多東正教團體在內的俄僑社區，立刻就要靠打秋風過日子了。他們最初是希望能夠迅速地反攻復國，把大使館和中東鐵路[17]都奪回來，這樣一來錢就回來了。但是，十年不成功，二十年不成功，很多人餓得要死以後，就變成笑話書裡常說的那種，在哈爾濱的大街上是個馬車夫，回到家裡是伯爵大人和騎兵團團長。不用說，他們當中有很多人在混不下去的時候是會接受收買的。他們當中有一部分投靠了孫傳芳、張宗昌和張作霖這些人，做了雇傭兵，有一部分被工部局收編了，做上海義勇軍的俄國支隊，但這些人都是很有限的；另外還有許多人完全沒有經濟來源，於是他們就變成了匪諜。

16 救世軍是由卜維廉、卜凱瑟琳夫婦在一八六五年於倫敦所成立的宗教及慈善公益組織，以基督教為信仰，並以軍隊形式作為組織架構，透過街頭布道和社會服務、慈善活動來宣教。

17 中東鐵路是「中國東方鐵路」的簡稱，和中東地區無關。該鐵路是指由俄國興建、從赤塔經中國滿洲里、哈爾濱一直到海參崴的鐵路中在中國境內的部分，又稱東清鐵路。日本侵略滿洲後，北段改稱北滿鐵路，南段則是知名的南滿鐵路；二戰後蘇聯曾重新控制該鐵路，一九五〇年後則移交給中國。

生意人也受到了影響。比如說，虞洽卿他老人家靠誰賺錢呢？靠俄羅斯亞細亞銀行和中東鐵路。現在情況十分不妙。一九一九年的時候，中東鐵路是白俄的大本營，一心想要反攻復國；到了一九二九年，中東鐵路已經變成蘇維埃的財產，裡面充滿了蘇聯間諜。如果我要堅持原則到底，那麼到了一九二九年，我已經沒飯吃了。我要是想發財，那就要跟中東鐵路和俄羅斯亞細亞銀行的新主人——蘇維埃政權打交道了。蘇維埃政權不是好相處的，你要是想繼續賺蘇維埃政權的錢，就要替蘇維埃政權做代理人。虞洽卿就是這個樣子一步一步走上了匪諜的道路。他如果肯在一九二〇年或者一九二五年下定決心放棄原有的榮華富貴，做一個普通的打工者或者靠吃老本過日子，那麼後面的事情都不會發生。但是他不肯，他要繼續過大資本家的生活，那麼除了像過去做俄羅斯帝國的代理人一樣繼續做蘇維埃政權的代理人以外，他是沒有別的道路的。於是，我們敬愛的虞洽卿同志就變成了KGB在上海東正教會內部的代理人。由於他仍然是吳越商團的重要組成者，在工部局推行南非化政策以後又變成了工部局的華董，這樣一來他就自動變成了布爾什維克插入上海工部局內部的主要特工。

至於南越化的特點是什麼呢？就是季辛吉在越南和平談判時諷刺性說過的那樣[18]，共產黨對和平的要求其實很簡單：首先要在西貢成立一個聯合政府，其中三分之一由地下黨組成，三分之一由地下黨推薦的社會賢達和白手套組成，剩下三分之一由原西貢政權的人組成；然後由這個政權去跟共產黨政權談判，也就是說讓共產黨政權和一個由共產黨從內部控制的白手套政權談判，談判的唯一內容就是怎樣把西貢交給共產黨。虞洽卿進入上海工部局內部後，發揮的就是這個由三分之一的地下黨人組成的白手套政府的角色。一九三〇年代末期的工部局就是一個被白手套從內部控制的工部局，而這個工部局必須去跟屬於地下黨的、企圖要求工部局解散的勞工運動和愛國商團進行談判。表面上看來，一方面是工部局，一方面是布爾什維克，但其實兩方面都是布爾什維克的人，只不過一方面是公開的布爾什維克，另一方面是帶著白手套的布爾什維克。

黨、學生、黑社會

現在我們回過頭來看工部局開始推行南非化政策時的狀態。南非化政策的推行是第一

18 參見《季辛吉越戰回憶錄》〈第二章、軍事戰略的演變．謀求和平〉：「而且這個聯合政府又只是臨時性的，南越的政治結構要由非武裝的共產黨占絕對優勢的聯合政府同在河內軍隊保護下的全部由共產黨組成的民族解放戰線之間談判來定奪。」

次世界大戰所造成的；第一次世界大戰在歐洲也是大眾民主取代過去各等級共治體系的關鍵所在。在這次世界大戰當中，上海義勇軍派了很多人參戰[19]。從軍事貢獻來講，僅僅幾百個工部局的志願軍，比起顧維鈞在巴黎和會說的那些華工的貢獻要大得多。如果說顧維鈞根據他那幾十萬華工的功勞就可以索求青島的話，那麼工部局這幾百人付出了相當比例的犧牲，工部局豈不是可以把南京、蘇州和杭州都要到手了？像在青島既有正規軍和德軍打仗、同時全國公民也在為協約國服務的日本，豈不是可以把全亞洲都要到手了？按照這個比例計算的話，你可以想像，犧牲整整一代青年的法蘭西共和國，豈不是應該把整個歐洲都吞併了？所以，凡爾賽會議不出所料地拒絕了顧維鈞的要求。

而上海工部局這方面，它自然要為百戰歸來的老兵謀福利。退伍軍人福利和退伍軍人公民權這件事情，是使大眾民主普及到全世界的主要動力。既然第一次世界大戰使得歐洲先進國家的全體人民（哪怕是最窮的無產階級）都上了戰場，那麼結論就是，最窮的無產階級必須有選舉權，最窮的無產階級必須有退伍軍人的撫恤金。兩者加在一起，就是大眾民主制和福利國家。福利國家的起源是什麼？就是退伍老兵待遇。十九世紀的美洲，自由主義的國家政權，無論是玻利瓦的大哥倫比亞還是美國，主要的開支就是給獨立戰爭的老兵付工資。當然，那時候的軍隊規模很小，所以自由主義者還是小政府。而在一九一四年和一九一八年期間，全體男人都上了戰場，留在後方的婦女都走出了家庭，從事為前線服務的各種工作。自然而然地，第一，全民都是選民；第二，全體人民都是退伍老兵，他們必須享有福利，當然必須實行全民福利；第三，男女平等，女人也要同樣參加投票，因為女人也走出了家庭。男人在前線以後，他們在後方留下的工作就由女人來辦了。過去男人的工作歸女人做了，過去男人的權利也要由女人享有。男女平權、全民投票、全體居民等於公民、全民福利，這些都是第一次世界大戰帶給全世界的。

上海工部局沒有走得那麼遠，但是它也打算大幅度地開放公民權，同時為退伍老兵提供福利。這兩者都需要增加開支，因此福利國家和大眾民主的開支和稅收必定要比十九世紀的自由主義國家要大得多。一旦要徵稅，負責交稅的那一方就給南非化運動的主要推進者——國民黨提供了很大的機會。國民黨派駐上海的主持人是王正廷。從傳統上來講，國民黨控制了大部分的上海黑社會，而國民黨的流亡政客和士兵，像王正廷和蔣介石這些人，還有一些是被國民黨影響的青年學生，在一九一九年，就是著名的五四運動期間，跟北洋政府內部的派系——吳佩孚和徐世昌達成協議，大家聯合起來整一整段祺瑞。於

19 參見《上海租界志》〈第二篇、機構・第四章、警務機構和武裝・第三節、武裝〉。

是，國民黨、徐世昌和吳佩孚的聯盟共同發動了五四學生運動。五四學生運動波及到上海以後，上海的資產階級子弟也組織了自己的學生會，而學生會主要是被上海的國民黨支部給控制了。於是，國民黨就通過他們自己原有的黨部、原有的黑社會組織和新興的學生力量，對上海原來分散的各商團施加壓力，扭轉了上海工部局推行的擴大選舉權的計畫。

上海工部局原先的計畫是，首先成立顧問委員會，吳越人組成的寧紹公會選出三個代表，南粵人控制的廣肇公會選出三個代表，加入上海工部局組成的顧問委員會，作為擴大工部局組成的過渡機構。這個方案是實事求是的，因為上海僑民商團和移民商團當中勢力最大、而且具有一定自我組織能力的就是吳越人和南粵人的這兩個組織，大多數分散的小商人和勞工黑社會組織還沒有文明到能夠參加現代民主政治的地步。但是，這時國民黨加入了。國民黨利用它跟徐世昌和吳佩孚結成聯盟，以及廣州護法軍政府和北京政府談判的時候取得的那個南北各半的外交權力，把上海的交涉權抓在自己手裡面。因此，它可以一方面利用自己原有的黨部和地下黑社會，一方面利用他們作為北京政府駐上海特派員的身分，對上海的僑民團體進行組織。

它提出的要求就是，原先的各商會不能直接派代表參加顧問委員會，而要統一起來，以各馬路為單位，每一條馬路上的所有商會都要在國民黨黨部的領導之下派出自己的代表，透過這種方式組成一個各馬路商業聯合會[20]。跟原來的商團不一樣，它完全是國民黨建立的一個白手套組織。跟共產黨在農村組織的貧農團一樣，我怎樣才能打倒曾國藩留下來的儒家地主的統治呢？我把貧下中農組織起來組成貧農會，比你地主控制的人要多。但是問題在於，原先的寧紹公會和廣肇公會是有組織和自治能力的，而國民黨按馬路組織起來的公會是完全沒有內在聯繫的。你不用想就可以知道，比如說，同一條霞飛路，在它上面開商店的人，彼此之間有什麼聯繫？什麼聯繫都沒有。眼鏡店是由廣肇公會的南粵人開的，化妝品商店是由寧紹公會的吳越人開的，另外還有幾家小吃店是由蘇北人開的。他們彼此之間互不認識，也沒有任何聯繫。他們怎樣才能產生自己的代表呢？那當然就是國民黨派出去的代表了。這樣一來，在國民黨重新組織的這個各馬路商業聯合會的代表當中，

20 民國八年（一九一九年），在公共租界和法租界，商人們號召：「匹夫之責、憤發圖強、共謀救國、為我商人自己爭人格」，紛紛以馬路或區域命名組建商會。確立「提倡國貨、挽回利權、實行自治、維護主權、團體互攜、強我商權」的宗旨，具體行動是以聯合的力量抵制租界當局增捐加稅，要求在工部局、公董局中增設華董，並就時局問題發表政治主張。在商號之間加強治安、調解糾紛、捐助公益、救濟商困，藉以固結團體。相關馬路的商號只要每月繳納零點一至三元的會費，便可成為商會會員，以此將上海各商業街的中、小商人組織起來。民國八至十八年，有名可按的各馬路商會計七十二個。主要負責人有會長、總幹事、委員長、總董、理事長、主席不同稱呼。各馬路商會在民國十八年十月奉國民黨上海政治分會訓令而結束。節選自《上海工商社團志》。

原先真正有組織能力、而且是親盎格魯的寧紹公會和廣肇公會在這個商團當中就變成了少數，在後來同樣也是由王正廷主持的納稅華人會當中也變成了少數。這樣兩個機構向工部局施加壓力的時候，它們完全變成了國民黨的白手套機構。

國民黨的手段一方面是依靠黑社會施加壓力，一方面是依靠自己在南北談判的聯合政府當中充當特派員的官方身分，另一方面就是靠它組織起來的學生運動，挨家挨戶去威脅那些商戶。如果不加入國民黨控制的組織，就要把他們打成跟曹、章、陸（曹汝霖、章宗祥和陸宗輿）[21]一樣的賣國賊，用火燒趙家樓、公開銷毀日貨和敵貨之類的方式來對待他們，嚴重影響他們的生意。用這種近乎無賴的手段，國民黨終於組成了自己的各馬路商業聯合會和納稅華人會，而這兩個會都是由王正廷擔任最高領導的。但是這時候，它們還不是布爾什維克的組織，要等到五卅運動以後，它們才變成了布爾什維克的組織。

21 曹汝霖（1877—1966）、陸宗輿（1876—1941）、章宗祥（1879—1962），三人於五四運動期間分別擔任交通總長、貨幣局總裁、駐日公使，在處理山東問題上因立場親日而被國內輿論稱為賣國賊，甚至引發火燒趙家樓事件。事實上，三人未必實際出賣了中國權益，例如顧維鈞就在其回憶錄中指出，曹汝霖是維護國家利益的；而日本侵略中國後曾幾度要求曹汝霖出任政府要職，但都被他拒絕了。

七、上海自由市的南非化和南越化（下）

無法代表華人、只代表國民黨的納稅華人會

上海自由市南非化的關鍵在於一九一九年國民黨控制的納稅華人會，上海自由市南越化的關鍵則在於五卅運動。國民黨當時在上海從事活動的原因如下：首先，他們在跟北京政府談判的過程當中，獲得了上海交涉公署[1]的主導權。這是第二次諸夏聯盟——中華民國（當時正值舊國會時代）經常存在的那種政治交易。名義上的總統無論是袁世凱還是徐世昌，都要跟各個政治派系進行各種官銜和各省職位的交換，才能夠維持住不穩定的聯盟。國民黨的歷史書雖然描繪自己一直是個受害者，但一般來說它總是能在這些聯盟當中撈到一些重要的職位；這一次由於巴黎和會的需要，他們撈到的是上海交涉公署。這使得他們從理論上來講獲得了大清國總理衙門和兩江總督對進入上海自由市發財的那些清國非法移民的徵稅權和司法權。

理論上來講，這一批移民，也就是說上海自由市的有色人種，並不全是非法移民，但是他們當中確實是包括了大批的非法移民和難民。這些人雖然逃到了上海自由市，但他們仍然是清國人，其地位就跟今天逃到美國庇護城市的那些墨西哥非法移民一樣。川普總統像當年的阿禮國爵士一樣，有理由說，你啊根本不是美國人，你待在美國是非法的，我是

應該把你趕出去的。但如果庇護城市不把他們趕出去的話，他們倒也可以在事實上非法停留在美國；這批人在上海自由市的身分就是這樣的。理論上來說，清國是可以派員警來抓他們的，但實際上，一般來說清國政府和兩江總督不行使這個權力，也不敢行使這個權力，儘管這個法理上的漏洞仍然存在。

清國解體以後，諸夏各邦在南京召開了各省代表會議，達成了一個憲法協議，後來又跟滿蒙聯盟簽署了一個五族共和協定，成立了一個諸夏聯邦，再加上清聯邦的複合政治結構，這就是我們所謂的第一個中華民國——一九一二年憲法的中華民國。總理各國事務衙門的權力原則上來講由北京的大總統繼承了，但是北京的大總統也跟清國皇帝一樣，並不樂於行使這種權力。直到在一九一九年的政治妥協當中，他們把這個權力交給了國民黨。而國民黨這時剛剛被粵軍趕出了廣東，財政上和人事上都受到了十分重大的打擊。國民黨像是陳其美[2]在閘北兵敗以後逃入上海自由市一樣，非常希望在上海自由市這塊傳統上願

1 外交部特派駐滬交涉員公署，是中國政府於一九一一年至一九二九年間設立於上海，負責處理上海地區對外事務的政府派出性機構。交涉員公署前期命名為外交部駐滬通商交涉司，期間一度更名為外交部駐滬交涉使。一九二九年，國民政府外交部統一裁撤各口岸派出機構，交涉員公署因此結束。

2 陳其美（1878—1916），早在辛亥革命期間便與孫中山、黃興交好，被孫中山讚為「革命首功之臣」。而日後陳其美除

意保護政治受難者和政治失敗者的天地使自己重整旗鼓。因此，他們決定把交涉公署作為他們發明中華民族的一個工具，利用交涉公署在原則上對上海灘難民的司法管轄權，脅迫他們加入華人的建構。於是，他們成立了納稅華人會這個由王正廷主辦的機構；王正廷是國民黨系的著名外交家，在洋人面前也是說得上話的。

但是國民黨有一個嚴重的弱點，它後來落入共產國際手裡的重要原因就是，它其實不會做群眾的組織工作。上海灘的國民黨人大部分都是像蔣介石和唐犧支[3]這樣的流亡軍官和流亡政治家，在五四以後又加上了一些失業大學生，這是他們在上海的基本盤。他們跟廣肇公會（也就是南粵商團組織）的關係一直是非常緊張的，在吳越人當中也很少有支持者。但是他們現在有了兩個依據：一方面，他們是交涉公署這個合法機構的主持人；另一方面，他們是很多地下黑手黨的主持人，例如著名的臨城劫車案，就跟國民黨在上海的黑幫組織有很大的關係[4]。所以，在許多暗殺事件以後，黃金榮就出面調查，而結論就是，這些事情跟流亡到上海灘從事黑社會活動的國民黨地下組織有關。這樣的事情，即使是義大利黑手黨和義大利革命黨在倫敦也做過，黑手黨和革命黨在義大利也是很難分清楚的。就是在這一類的都市傳說的啟發之下，柯南．道爾爵士（Arthur Conan Doyle）才寫出了他的福爾摩斯小說《紅髮會》、威爾基．柯林斯（Wilkie Collins）才寫出了他的著名偵探小說《白衣女人》[5]。這兩篇偵探小說的主角就是義大利革命黨人在本國革命失敗以後逃亡到英國，繼續從事黑社會活動。國民黨在上海的做法也差不多是這個樣子的。

國民黨在跟工部局交涉的時候成立的這個上海納稅華人會，從理論上來講應該代表上海所有的非歐裔、非美裔和非日裔的有色人種。但是實際上，它的經常性活動成員只有三百多人。在華人顧問委員會成立、交涉在理論上獲得局部成功以後，舉行了勝利遊行示威，參加者總共只有五十五人。這個數字是《申報》記者說的，《申報》記者的數學並不怎麼好，所以他提出的數字不一定可信，但是具體人數應該差得不算太遠。也就是說，

了把蔣介石引薦給孫中山，又將兩位姪子陳果夫、陳立夫引薦給蔣介石，使兩兄弟成為國民黨的重要人物。另外，陳其美也是青幫的代表人物之一，曾暗殺陶成章、鄭汝成等在政治、軍事上具有影響力的人物。不過，陳其美最後也遭到槍手刺殺身亡。

3 唐犧支（1887—1924），清末民初革命家、軍事將領，早年投入辛亥革命，領導宜昌起義並攻占荊州；反袁世凱的二次革命失敗後曾短暫移居日本。一九一七至一九二二年，唐犧支在反對段祺瑞政府的護法戰爭中，接受孫中山的任命而出任湖南討賊軍司令官；最終病逝於北京。

4 參見劉子衡《孫美瑤臨城劫車案的如是我聞》，轉引自《山東文史資料選輯・第二輯》頁83至112。

5 《紅髮會》是柯南・道爾爵士創作的福爾摩斯探案中的一個短篇，收錄在《冒險史》中，該故事講述主角夏洛克・福爾摩斯從一份紅髮會的廣告開始，最終破獲犯罪集團的故事。《白衣女人》則是「英國偵探小說之父」威爾基・柯林斯的代表作，講述主角哈特萊特應邀到富人家教課，卻意外揭發一樁關於詐騙財產的陰謀。

如果實際上去了八十個人或者九十個人，《申報》的記者隨隨便便數了一下，說只去了五十五個人，這是有可能的；但是如果說實際上去了八百個人或者九百個人，而《申報》記者一定要說是五十五個人，這個可能性就不大了。他們對數字應該還是有點常識的，而且他們也沒有什麼動機非要貶低你不可；這就是國民黨實際上的組織能力。參加廣肇公會或寧紹公會的商家數目，就算倒退二十年至少都還是上萬的；而這個只有幾百人、動員的時候只能拿出幾十人的組織卻宣稱，我們和我們下屬的各馬路商業聯合會代表了全體華人，代表了幾十萬華人，而你們這兩個按照後來共產黨稱之為「大資產階級」的組織只代表了幾萬人，所以我們應該向工部局提名華人顧問團的所有候選人。

這時，工部局的總董皮爾斯（Edward Pearce）在議會進行辯論的時候就說過這樣一句話：「我們在上海的僑民社會當中原先有很多好朋友，但是自從五四運動以後，情況發生了變化，我們原先的好朋友都不願意出頭了。唉，這種現象真的是很可悲。」他指的就是國民黨在上海灘發明華人的這個經歷。但是從納稅華人會的組織就可以看出，這個組織是頭重腳輕的，它的基層是很少有人的。它聲稱代表華人，而華人（包括不像寧紹公會和廣肇公會那樣強大、而是一盤散沙的小商人）願意給它的恐怕只是名義上的贊同。也就是說，免得你派你的革命學生上門來罵：「漢奸！你賣洋貨！賣日貨！」再像義和團一樣打砸你的店。但是當工部局真的徵稅的時候，他們照樣要交。國民黨發明納稅華人會的動機是，利用工部局在戰後增加稅收的機會說：「你看，英國人說過不給代表權就不納稅，現在我們要援引英國人的政治倫理來反對英國人在上海的統治，我們也要跟英國人一樣享有同等的代表席位，否則我們就不納稅。」但是執行的結果，工部局調查出來是這個樣子的：工部局去徵稅的時候，廣大的小商人照交不誤。如果你問他，你既然願意交稅，為什麼又要支持納稅華人會呢？他們回答說，你們是官，我們當然要交稅了，但是他們也是官呀，他們是交涉公署呀，所以我們要給他們一點面子。

這就是兩面人了。兩面人的典型代表就是寧紹商會的元老朱葆三[6]。他就本著兩面人的邏輯，一面鼓動他自己的商會成員給工部局乖乖交稅，一面通過自己加入國民黨的方式，向國民黨「購買安全」；這種模式在以後幾十年的吳越資產階級當中是非常常見的。商團的頭面人物、資產階級的頭面人物、學校校長之類的社會上的頭面人物，往往會賣身投靠國民黨，以換取國民黨不要騷擾和迫害自己的成員（畢竟國民黨也沒有共產黨那麼惡

6 朱葆三（1848—1926），銀行家、實業家、寧紹商會元老級人物，早年在英商平和洋行擔任買辦，之後創辦上海絲織公司、中國通商銀行、寧紹輪船公司等三十餘家企業；他也跨足政治，擔任國民黨上海分部副部長，政商關係十分良好。

劣），這樣一來就把自己變成了兩面人。從實際利益上來講，他們得到了滿足，但是從長遠的意識形態建構來講，他們就把自己建構進中華民族裡了，是後患無窮的；一九三〇年的馬華公會後來也走上了同樣的道路。他們都是在盎格魯殖民者的統治之下，所以階級地位和社會動力學的驅動力都是差不多的。

廣肇公會聽到這個納稅華人會成立、並且擅自代表全體華人向工部局派出顧問團的消息以後，就發表了一個聲明說：「我們團體是一個純粹的商業團體，自古以來就堅守本分，只顧悶聲發大財，對政治沒有興趣。但是我們嚴正聲明，我們不覺得有任何人能夠代表我們。極少數人自稱能夠代表我們或者是代表上海灘的多數人口，我們都是極其鄙視的。」接下來，寧紹商會也發表了同樣性質的聲明，但接下來的事情就無影無蹤了。他們雖然表示國民黨建立的組織不足以代表他們，但是他們也不想建立自己的吳越愛國者協會或者南粵民族團體，跟工部局去交涉。如果他們當時這麼做了，後來的歷史發展就不同了。如果他們像後來一九二五年的香港愛國者那樣，乾脆組織自己的民團，武裝維持秩序，抵制國民黨派來的滲透人員，那麼上海的命運可能就會跟香港差不多。

國共一家親：五卅運動

香港在一九二五年的時候，英國總督周圍的英國水兵和印度兵加起來其實也就只有幾百個人。所謂香港的反恐活動，主要是由地主豪紳、買辦、民團首領、工會首領組成的自發組織的自警團所進行的。是這些自警團，把省港大罷工當中每個月領八千塊錢的國民黨津貼、企圖癱瘓香港的左派工人趕出了香港，使這些人在罷工結束以後不敢回到香港，寧願加入國民革命軍，而加入國民革命軍以後也沒有得到什麼好處。一九二六年以後的香港進入了一個經濟繁榮期。當初自發維持秩序的那些團體，甚至連普通工人和普通小商鋪主等，都發了財；當時找工作是很容易的事情。但是，這些在省港大罷工時支持國民黨的人再也不敢回到香港，也無法分享香港的繁榮紅利。加入國民革命軍以後，他們頂多做了中、下級軍官，最後也沒有得到什麼好下場。這樣的經歷就說明了，當時的香港居民，包括那些黑社會頭目和走私販子，還是有相當強的蠻族性的。而上海的有色人種居民以吳越人為主，其中又多為兩面人。像朱葆三這樣的人，後來在上海變成了知名人士，甚至還有一條「朱葆三路」來紀念他，他大概確實是一個慈善家，但在政治上卻是一個兩面人。這樣的兩面人首鼠兩端，肯定是鬥不過虞洽卿這樣的匪諜的。

在國民黨搞一九一九年的談判、華人顧問團和抗稅活動的此時，蘇聯間諜在上海的主要目標還是打擊上海的白俄組織，防止他們從英國人和日本人那裡撈到好處，企圖反攻復國。就在這個階段，前東正教領袖虞洽卿被收編，加入了蘇聯的匪諜組織。不是只有他一個人被收編，東正教社區大多數的領袖在經歷了俄國內戰的失敗以後，又在海外的僑民社會當中經歷了第二次失敗，最後幾乎全被收編了。這時，匪諜開始注意到國民黨在上海灘從事的這些半生不熟的把戲。他們得出結論說，國民黨有上層路線，有現成的機構，但是他們不懂得怎樣利用這些機構，這些機構的活動能力非常軟弱。我們可以乘勝追擊，通過這種方式側面攻擊英國人。

上海的東正教社區，無論是人口、經濟還是政治，都非常軟弱。政治上和經濟上的統治，始終掌握在盎格魯系居民的手中。人口數則是以吳越系居民為最多。東正教徒呢，政治和經濟上不強，人口又不多。即使是打垮了白俄組織，控制了東正教社會，用途也有限，對大英帝國幾乎沒有任何威脅。但是如果我們控制了上海的吳越系社區，至少是掌握了人口多數，用人民戰爭的汪洋大海去對付人口居於少數的盎格魯系原住民和統治者，那麼上海將來的革命運動是前途無量的。正好國民黨人弄出來的這些東西向他們證明了國民黨的軟弱無能，所以下一階段的工作就要對國民黨下手了。而他們的手裡又掌握著虞洽卿這個吳越商團的重要主持人。俄國人看他，是一個主要的東正教會領袖；吳越人看他，是我們的同鄉，是我們商團的一個重要人物；這樣的位置太適合做進一步的滲透了。布爾什維克正確地判斷出，吳越商團的組織是頂不住他的滲透的，大多數像朱葆三這樣的兩面人很容易就會被他給控制住。

當然，布爾什維克是從事群眾運動的，商團不是他們下手的唯一管道，他們是多方面下手的。一方面通過虞洽卿對商團下手，另一方面又通過李立三和周恩來對幫會和傳統上被資產階級忽視的工人團體下手。李立三這個時候就拜了一個青幫的老大作師父[7]。後來所謂的上海工人運動，起主要作用的人都是類似李立三這樣的人。理論上，超過一半以上的人都拜在杜月笙這個青幫領袖之下，當他的門徒，所以後來杜月笙認為，他們不聽自己的話而聽共產黨的話是一種背叛行為，因此下定決心要除掉他們。過不了幾年，到了五卅運動前一夜，共產國際無論是在資產階級還是無產階級當中的組織實際上都已經超過了國民黨，但是國民黨還沒有發覺這一點，北洋政府更沒有發覺。

7 唐純良著，《李立三全傳》：「有一次，一個開澡堂的青幫小頭目常玉清的徒弟綁架了李立三，有幾個上海大學的學生看見了，就跑去報告黨中央，中央趕快設法營救他。但是，李立三很快就回來了。他向中央報告說，常玉清是一個小頭頭，聯繫他有利於工運，黨中央同意了他的行動。從此，他同青幫徒弟和下層頭頭就有了比較好的關係。」

五卅運動的起因是一個偶然事故，但是掌握了上海交涉權力的國民黨決定利用這個機會把它發展成為中華民族反對英帝國主義的民族運動。而一旦發展起來，就暴露出他們本來在一九一九年就應該意識到的可悲的軟弱性，也就是國民黨根本動員不起幾個人來。理論上來講，國民黨通過上層人物控制了總商會和各馬路商業聯合會這兩個白手套組織，但是正如共產國際的報告和工部局的報告所指出，這兩個組織的常務人員都只有幾百人：總商會三百多人，各馬路商團五百多人。而且最要命的是，在這些總共只有八百多人的商團當中，百分之六十的成員從來沒有任何經商的經歷。他們是由國民黨流亡軍官、下野政治家和失業學生所組成的，跟商業界從來不親，也從來不知道怎麼經商。蔣介石知道怎麼經商嗎？國民黨在上海的基本盤就是由蔣介石這樣的人所組成的。這些人憑著官勢「我是交涉公署派來的人」，硬著頭皮組織了這個聯合會。

五卅運動　一九二五年五月三十日，國民黨與共產黨（背後為共產國際）聯合煽動工人和學生於上海公共租界示威遊行，在最熱鬧的南京路遭到上海義勇軍鎮壓導致民眾傷亡。事後兩黨抓住此機會，更加大力宣傳反殖、反帝的口號，表面上看來是愛國的民族運動，實質上是替共產國際顛覆上海自由市的企圖鋪路。

大商人可以發表通告來罵你，但是不敢打你。小商人就委曲求全，至少形式上加入你，平時還要孝敬點保護費給你，把你們這些失業大學生當作「丘九」（諷刺學生的稱呼）大爺給養起來。但是他們不敢真的違背工部局的法令或者投入什麼革命行動。你根本沒有什麼群眾基礎，所以當你企圖發動群眾運動的時候，你招來的人就只有幾十個人，小貓兩、三隻。而共產國際之前在上層方面隱蔽得很深，沒有幾個人知道虞洽卿是他們的人。在下層社會，什麼黃包車夫、黑社會、工會之類的組織當中，雖然有人，但是大家都瞧不起你、不重視你。然而在關鍵時刻，剎那間，共產國際動員出幾十萬人上街。國民黨呢，名義上雖是領袖，實際上卻只能動員幾十個人。

五卅運動在政治上造成的結果就是，上海的國民黨組織完全被共產國際的組織劫持了。而這時，孫中山在廣東和北京都遭到了一連串的挫敗，跟日本泛亞主義者又鬧翻了，正處在走投無路的情況之下。他的大元帥府從廣州搬到了上海自由市，依靠盎格魯人的保護，在這裡流亡，而且官比兵多，兵比槍多，處境非常艱難。發動五卅運動，很可能是孫中山在政治上的最後表演。他看到共產國際的力量如此強大，自己就先軟下來了。他覺得，以前拿日本人的錢，現在拿不到了；一戰時期拿德國人的錢[8]，現在也沒戲了；此時只有共產國際來支撐他。於是，他就跟馬林和越飛在上海會晤，發表了《孫文越飛宣言》，把上海的國民黨組織全部交給了蘇聯。我們要注意，國民黨的黨章，按照孫中山本人自己的回憶，是由鮑羅廷同志用英文寫出來，再翻譯成中文，最後由陳公博[9]翻譯成粵語的。

改組後的國民黨在金錢和組織方面都落入了共產國際的手裡。共產國際控制了國民黨以後，就掌握了像王正廷這樣的上層人物。以前上不了台面的勞工組織，現在都可以堂堂正正地跟工部局交涉了。於是，國共聯合的第一次行動就是共同組織五卅運動，將所謂的華人顧問委員會代表全部撤出工部局，並宣布跟工部局決裂。同時，上海的運動在工部局的鎮壓下完全失敗以後，利用共產國際撥給的第一批盧布（價值兩百萬廣東銀元），收買了滇軍和桂軍，並打擊陳炯明的粵軍，將陳炯明趕出了廣州城，使得孫中山終於可以從上海這個流亡地返回廣東，並得以以廣州城為基地，建立黃埔軍校，然後讓蔣介石主持黃埔軍校，讓史達林同志和鮑羅廷同志運送武器軍械，組織第一支真正的黨軍。遠東的歷史，就是這樣從上海開始、向廣州移動的。國共兩黨的骨幹分子都在這個移動的過程當中離開了上海。

自由派VS.保守派

這時，上海的局勢表面上平靜下來了。但是，第一次世界大戰以後，歐洲趨向大眾民主的運動在這時也波及了盎格魯人統治的上海。一九一九年，在圍繞著華人顧問委員會的爭論當中，工部局內部本身就有兩派。皮爾斯主持的那一派指出，依據法律，難民和移民並不是上海自由市的公民，只有原住民才是公民。不能因為他們現在人數多了以後，就把他們變成公民。這就像是，美國不能因為墨西哥人和拉丁美洲人的人數多了以後，就把美國變成墨西哥人的共和國。而且從納稅人代表團的角度來講，在財政上算平均值的話，每一個盎格魯人在上海的納稅額，每年都是十幾兩的銀子；而有色人種的納稅額，平均起來的話，每年也不過一兩多的銀子。很明顯地，按照納稅人代表權的角度來講，政權是不應該解放的。請注意，這個白人和有色人種的畫分法實際上是把日本人排除在外的，所以實

8 參見楊天石《孫中山與第一次世界大戰》，江蘇師範大學學報，哲學社會科學版，2018 44(5):1-0。

9 陳公博（1892—1946），廣東人，一九二〇年北京大學哲學系畢業後與陳獨秀、譚平山等人成立中國共產黨廣州支部；一九二二年退黨後赴美國哥倫比亞大學留學，一九二五年回國後加入國民黨，出任黨部書記。在抗日戰爭期間擔任汪精衛南京國民政府的立法院長，不過隨著日本戰敗、南京國民政府解散，陳公博也遭到國民黨通緝，最後被捕處死。

際上是吳越人、南粵人、閩越人、日本人和其他亞洲人，再加上印度人、東非人，平均起來的納稅額不到盎格魯人的納稅額的十分之一。

在當時進行的投票當中，保守派以三比一擊敗了李德立（Edward Selby Little）主張的改革派。改革派的邏輯基本上是第一次世界大戰以後的自由派的邏輯。他們說，上海工部局是遠東代議制自治政府的模範。無論是重慶、廣州還是漢口，所有的自治城市都是模仿上海工部局的。上海工部局稱為公局，所以公局這一詞在晚清也是普遍流行的，到處都在辦公局；這都是我們輸出秩序的結果。沒有代表權不納稅的基本原則是盎格魯人首創的，現在正在亞洲普及開來；我們應該樂觀其成，應該本著國際主義立場、鼓勵他們這樣做才對。如果你們認為，亞洲人過去是腐敗成性的，那是因為他們過去在專制統治之下長期習慣了腐敗才這樣的。在他們正在學習代議制的初期，經過一段時間的訓練以後，他們可能就不再會這樣了。如果我們把他們納入工部局，無異於給他們提供了一個良好的訓練機會，對於上海以外的其他自治城市進一步培養代議制度，也是一個很好的鼓勵。

保守派議員則反對說，如果你要鼓勵他們，為什麼不讓他們回到自己的家鄉去，在自己的家鄉舉行代議制實驗呢？吳越人可以回到蘇州去，把蘇州建設成跟上海一樣的自治城市，這才是有道理的。他們都擠到上海來，把他們加入進來的結果很可能是把上海已經很好的自治制度給摧毀了。而蘇州和漢口的自治制度卻因為得不到最精華的一批人的支援而做不起來，這不是使雙方都受到損失嗎？我完全贊同盎格魯人發明的自由民主制度向全世界擴張，但是你把方法給弄錯了。難道墨西哥人跑到美國並從事非法移民投票，就能夠改善美國的民主制度嗎？難道不應該是，墨西哥人在美國掌握了美國民主制度的精華以後，回到墨西哥去改善墨西哥的民主制度的品質，這樣才是正確的做法嗎？

在一九一九年的投票當中，保守派贏得了勝利。因此我們可以說，他們暫時遏制了工部局的南非化傾向。儘管工部局在跟滿洲人結成聯盟以後有效地鎮壓了共產國際初期的顛覆活動，這時香港人跟滇軍領袖唐繼堯達成了國際反恐協定，而上海人則跟滿洲的張作霖達成了國際反恐協定，聯合鎮壓共產國際的初期滲透，都取得了很有效的成果，但是工部局內部正在醞釀著進一步自由化的傾向。在一九二四年的投票當中，情況開始逆轉。

保守派議員格林先生的論據，跟一九一九年的保守派論據基本上是相同的。他們認為，從法理上來講，建城者的子孫，像一九一八年的愛沙尼亞公民一樣，才是當之無愧的公民。後來的移民，更不要說是難民和非法移民，在法理上就不是公民。即使他們在人數上像南非黑人一樣已經占據了多數，但是如果容忍他們進來的話，上海工部局自由民主的性質必然要退化，這對所有人都沒有好處。我們不要忘記，這些難民和移民之所以跑到上海來，就跟非洲南部的黑人跑到南非以及墨西哥人跑到美國一樣，既是為了追求更好的經濟生活，也是為了獲得在自由民主制度之下更好的安全保障。這些安全保障，他們無論在大清國的統治之下還是在諸夏各國軍閥的統治之下，都是得不到的。如果我們讓他們進入工部局，把上海弄得跟諸夏各國軍閥一樣，把南非弄得跟其他非洲國家一樣，把美國弄得跟墨西哥一樣，那麼你問他們還願不願意來？

但是，二〇年代後期的政治氣氛已經不同於一〇年代後期了。這時，開放政權的自由派已經在歐洲和日本占了上風。而且，上海的日裔居民基於種族平等的原則覺得，如果讓白種人完全掌握了政權，自己也是黃種人的日本人也要像在巴黎和會一樣吃虧，所以堅定地支持南非化方針，提出種族平等的口號。王正廷是一個精明的外交家，儘管他投入群眾運動基本上是輸光了，但是他很善於打種族平等牌。種族平等牌能使他跟日本人聯合起來，把工部局說成是白種人甚至是盎格魯－撒克遜少數人壓制人數占多數的廣大有色人種的工具。因此，他跟工部局內部的自由派裡應外合，終於通過了改革案。改革案是工部局南非化成功的標誌。這一次，二〇年代，跟一九一九年的投票結果相反，工部局以三比一的投票通過了種族平等和擴大工部局選舉權的議案。這意味著，工部局以後的大多數議席就要像曼德拉時代的南非一樣，掌握在有色人種的手中了。而在有色人種當中，吳越人的人數又是最多的。所以在此之後，爭奪吳越商團的鬥爭就要變得格外激烈了。

費信惇就是在這個時期當上工部局總董的。他在工部局歷史上發揮的作用相當於戴克拉克[10]在南非發揮的作用。他代表工部局內部的自由派，希望在目前這個動盪的國際形勢之下，通過擴大工部局的政權基礎，把上海自由市變成一個像新南非這樣的彩虹之國。無論是日本人還是吳越人，以後都不再有理由抱怨說，自己僅僅因為膚色比較黑的緣故，就受到歧視，得不到和白種人相同的權利。但是，費信惇雖然一心想要做戴克拉克，但他面對的王正廷卻沒有打算做曼德拉。王正廷是國民黨手下的人，他執行國民黨的政策。後來發生的事情就不再像南非，而是像辛巴威了。假如曼德拉在一九九〇年談判的時候堅持聯俄容共的原則，拒絕清黨和把共產黨趕出去，在建立曼德拉和戴克拉克聯合政府以後把重要的職務交給了共產黨人，那麼十幾年下來，今天的南非也就跟辛巴威一樣了。曼德拉主要的歷史貢獻其實是，他推行了南非的彩虹化或者南非化，使南非不再是一個純粹白人的國家，而是多種族的國家，雖然在短期內造成了很多社會和經濟上的副作用；但是他至少

10 法雷迪．威廉．戴克拉克（Frederik Willem de Klerk，1936—迄今），南非最後一位白人國家元首，一九八九年擔任總統後改變國民黨的既有政策，促進南非共產黨和非國大的合法化，並於一九九〇年釋放納爾遜．曼德拉並宣布解嚴、一九九一年宣布廢除種族隔離政策；於一九九三年和曼德拉共同獲得諾貝爾和平獎。

是堅決清共，使得南非沒有變成辛巴威。而國民黨在一九二〇年代以後卻選擇了穆加比[11]的道路而不是曼德拉的道路。

他們利用自由派在工部局內部掌權、促使工部局彩虹化的過程中，利用國民黨的組織和官方身分，把工部局最初是三個、後來是五個的所謂華董議席[12]拱手交給了共產國際。由於改革後的工部局是一個有色人種占多數的組織，而有色人種當中由納稅華人會控制的議席又是最多的，這樣一來，堡壘就從內部被攻破了。這就是季辛吉所諷刺的那種南越式的狀態：南越的談判是由雙方組成的，南越政府這一方面是由三分之一的共產黨、三分之一的由共產黨控制的白手套和三分之一的由共產黨指定的社會賢達所組成的，由這個聯合政府去負責跟清一色的共產黨遊擊隊談判。也就是說，共產黨控制的白手套政府跟赤裸裸的共產黨政府談判。談判的唯一內容就是，共產黨的白手套政府應該怎樣把南越移交給赤裸裸的共產黨政府。一九二〇年代後期和一九三〇年代的工部局就處在一九七五年南越政府的這種狀態，它有超過半數的議員是共產國際通過國民黨、用地下組織所控制的。

就是因為這個原因，費信惇時代（也就是上海的戴克拉克時代）的工部局在一九二六年做出了致命的決定。在滿洲軍隊撤出吳越的時候，停止執行滬滿聯合反恐協議。在黨軍逼近上海的時候，跟黨軍一起祕密談判。在取得了黨軍和地下黨不侵犯上海自由市盎格魯裔居民的承諾以後，允許國民黨政權、黨軍和共產黨的恐怖分子進占上海，而且允許他們的地下組織在上海自由市境內活動。最後這一條才是關鍵性的，這意味著，工部局以後不能像他們在大清國時代那樣保護難民了。當然，大清國也沒有什麼跑到上海自由市境內來迫害這些難民的動機，他們只有一點撈錢的動機。但是，當大清國政府和兩江總督企圖在繁榮昌盛的上海自由市撈取那些已經發了財的吳越人的錢，就被工部局斷然制止了，而大清國也不敢反抗。這就像是一撥墨西哥難民在墨西哥本國發不了財，於是作為非法移民偷渡到美國，在美國境內發了財，然後墨西哥政府缺錢，向他們要錢，說你們是墨西哥人，要支援祖國，而美國政府不准墨西哥的稅吏跨境執法。工部局在大清國時代和舊國會時代一向是堅持這個原則的，但是在一九二六年以後放棄了這個原則，允許國民黨的特務（例如戴雨農這種人）進入上海自由市，向這些已經發了財的吳越商團徵稅。如果不交稅的話，就有恐怖活動隨之而來。

11 羅伯・穆加比（Robert Mugabe，1924—2019），辛巴威第二任總統，曾領導辛巴威獨立建國，雖致力改善環境衛生與提升國民受教育的機會，卻也因濫權、腐敗而備受批評，二〇一七年因政變而被迫辭職。

12 徐公肅、丘謹璋著：《上海公共租界制度》，引自《上海公共租界史稿》，上海人民出版社，1980，第39頁。

《費唐報告》：上海自由市的成功在於自治和法治

三〇年代的上海灘是軍統和遠東局在上海大搞恐怖活動的十年。工部局放棄了自己在一八五四年和一八六二年以後堅持的原則，反而退縮到一八四五年的原則，也就是說它只保護它的歐裔居民。這在法理上是說不過去的，因為這時候的上海工部局已經南非化了，它的代表當中已經有超過半數的代表是有色人種，而它卻拱手把這些有色人種交給了國民黨和共產黨的地下組織。國民黨在經營地下組織方面基本上是黑社會式的，就是傳統的三合會那一套，所以成就遠不如共產國際。而國民黨和共產黨雖然在一九二八年以後在爭奪內地的鬥爭當中是死對頭，但是在反對滿洲張作霖和反對上海工部局的過程當中又是盟友。所以，國民黨在上海的特務組織主要是由像錢壯飛[13]這樣的共諜所組成的。

而我們不要太天真，以為蔣介石、陳立夫和戴雨農對這些事情都是不知情的。實際上，他們像孫中山在一九二四年重組國民黨的時候大規模引用共產黨人的原因是一樣的，就是國民黨沒有這方面的人才，而政治形勢非常緊迫，我們不得不暫時用一下共產黨人。當然，國民黨的想法是，用完了以後我可以再清黨，再把你扔出去。而共產黨的想法是，你用了我以後，再想把我趕出去是不可能的，我把你趕出去還差不多。但是無論如何，他們在上海和滿洲是相互合作的。國民黨出殼，出王正廷這樣的頭面人物，負責贏得合法身分；共產黨出裡子，出實際上的辦事人員。國民黨在上海灘和滿洲的情報組織，都是由我們敬愛的錢壯飛同志一手操辦的。之所以是一手操辦，就是因為情報組織和特務組織實在缺人。錢壯飛同志出色地完成了上海灘國民黨情報組織的工作以後，國民黨要打入滿洲，還得靠他老人家親自出力[14]，國民黨就是找不出能夠有效打入滿洲地下組織的人選。

這樣一來，上海灘在一九三〇年代，論經濟仍然是非常繁榮的，論安全雖然已經走了下坡路，但像今天的香港一樣，雖然暴力和恐怖活動頻繁，但香港至少還是要比廣州好一

13 錢壯飛（1895—1935），本名錢北秋，中共情報工作者。曾與李克農、胡底二人擔任中共臥底，掌握國民黨內部機密檔案。一九三一年，中共在上海的組織名單被洩漏後，錢壯飛轉移至中央蘇區（位於江西省南部和福建省西部），並投入反圍剿戰鬥，最後在共產黨長征期間失蹤，下落不明。

14 潘宏《打入敵人「心臟」的錢壯飛》：一九三〇年，國民黨急需搜集東北地區的軍事情報，蔣介石也一直想得到張學良情況，而盤踞在東北的日本關東軍制定了嚴密的防止國民黨滲透措施，國民黨派出的情報人員多是有去無回。徐恩曾見狀，決定派「得力幹將」錢壯飛親自走一趟。這年四月，錢壯飛帶著任務和活動經費前往東北，與他相伴的卻是中共特科成員，他們帶著國民黨「中央調查科」的證件，巡視了中共特科在東北、華北地區的工作部署。錢壯飛平安回到上海後，寫下長達四萬字的東北軍事調研報告。陳立夫由衷稱讚：『了不起啊！哪來的這麼好的材料！』從此，錢壯飛的名字在中統特務系統中響亮起來，徐恩曾也把錢壯飛當特工「奇才」日益倚重。他當然不會知道，錢壯飛有關東北軍的調查報告，融入了不少中共的「情報」與「智慧」。

點，許多廣州的農民工如果有選擇的機會，還是寧願到香港打工的。很多廣州的資本家在香港資本家已經成批移民到加拿大和澳大利亞的時候，他們寧願帶著他們的資本從深圳和廣州投靠到香港來，因為香港殘存下來的那一點自由還是比廣東要強得多。包括國民黨的很多失敗政治家，在國民政府一面加緊滲透上海、從上海撈錢和進行恐怖活動的同時，自己在政治失敗以後還是要逃到上海來的。但是，這時已經是落日餘暉了。

費信惇，也就是上海的戴克拉克，為了挽救上海自由市即將滅亡的悲劇，採取的做法竟然是學術路線的。他邀請費唐法官來總結上海自由市的成功經驗，通過太平洋協會這樣的學術組織，將上海問題提交到國際社會上[15]。他還派他自己的代表向美國總統胡佛求援[16]，要求美國政府施加援手，保護上海自由市不要像但澤自由市被希特勒吞併那樣被國民政府吞併。這些所有的努力都可悲地失敗了，因為它們從一開始就是注定要失敗的。國民黨和共產國際是用恐怖組織和武力來滲透上海的，而你老人家卻請了一幫學者來論證上海自由市的偉大。

費唐法官的報告是一部重要的歷史文獻。它明確地指出，上海成功的祕訣就在於，上海自我管理（Self-governance）和法治（Rule of law）的政府使得人民（包括難民）的生命和財產都有了安全保障[17]。上海的憲制改革應該加強工部局的權力，與擴大選舉權並行，不能夠放棄自我統治和法治這兩個基本元素，否則上海的價值就要完全喪失了。幾十年以後，我們可以看出，他的預言是完全正確的。但是在他的報告剛剛發表的時候，嚴重地激怒了國民黨人。王正廷同志親自匿名，以一個普通市民的身分向歐洲各大報紙投稿，痛斥費唐法官是一個種族主義者。順便說一句，費唐法官真的是一個南非人，所以國民黨抓住這個弱點，罵他是種族主義者，這樣又可以把同樣身為黃色人種而且反對種族主義的日本人統戰到自己這一邊來。

如果只從他寫的那些信來看的話，英國外交部的官員或者歐洲各國的進步輿論會認為，自從中華民國成立，乃至於國民政府成立以後，大清國臣民的子孫的文明程度已經有了大幅度的提升，以至於普通市民對於英國的自治制度和法國的中央集權制度都有充分的

---

15 「（一九二九年）十一月二十三日，英國代表團部分成員和工部局英美籍董事議定，單獨聘請一位專家而不是一個專家委員會調查上海問題，經與會的柯帝士推薦，工部局決定聘請時任南非法官的費唐來滬調查上海租界問題。十二月十三日，工部局正式對外發表邀請費唐法官來滬調查上海租界的聲明。由此，上海公共租界工部局正式啟動了外部調查計畫。」王敏：《上海何去何從？——論南京國民政府初期英美的「上海問題」政策》，近代史研究，2014(5):105-17。

16 「一九二九年九月二十一日，費信惇與美國總統胡佛（Herbert Hoover）和白宮官員有過非正式會談。雖然費信惇未向外界透露此次會談的內容，但可以肯定這次會談的主要內容是關於上海租界問題。」出處同上。

17 《費唐報告之批評》，引自《上海公共租界史稿》，上海人民出版社，1980，第258-259頁。

了解，而且還能夠理直氣壯地說英國的道路並不是現代化唯一的道路。你看，實行中央集權的法國人不也成功實現了現代化嗎？他們已經是相當現代化的居民了，不能用過去庚子年的老眼光來看待他們了。但是很可惜，寫這些信的人全都是冒名普通市民的國民黨五毛[18]，不過他們跟共產黨的五毛還是有重大區別的。共產黨的五毛從五〇年代批判胡適的那些廣大貧下中農，到現在太湖勞教所的那些靠發帖來爭取減刑機會的犯人，都是身分極其卑賤的人。所以，人家一弄就能弄出幾百萬的群眾運動來，依靠的就是人海戰術和口水戰術。

你胡適有什麼了不起？你的理論水準再高，你鬥得過幾百萬貧下中農完全不講道理的辱罵嗎？這就是共產黨開批鬥會的奧妙。可以把地主、資本家和走資派押到批鬥會上來，你說你有沒有對人民犯罪？如果你要講的話，台下有幾千幾萬個貧下中農和無產階級，他們發出的怒吼聲能夠把你一個人的聲音完全淹沒。你一個人的聲音再大，你能夠吵得贏幾十萬個參加會議的群眾嗎？群眾用他們幾十萬個嗓門，把你一個人的聲音完全淹沒了。然後群眾就可以理直氣壯地說，我們得到解放的革命群眾在批鬥台上把你這個反動階級批鬥得啞口無言。你只有一張嘴呀。胡適當年也企圖發表文章反對他們，但是他的朋友就提醒他說，他們有那麼多人，你一個人一張嘴，怎麼能辯得過他們？處女是不可能跟娼婦辯論的，所以人家是贏定了。

國民黨就沒有這一套群眾運動的手段。在為國民黨當五毛、匿名冒充上海普通市民到歐洲各大報紙去痛罵費唐法官是種族主義者的那些作者當中，地位最高的是前外交部長顏惠慶，地位最低的也是陶希聖這樣的宣傳部幹事，找不到出身自貧下中農和無產階級的人。這也是為什麼國民黨發起的群眾運動（至少論規模和聲勢）永遠贏不過共產國際的原因。國民黨的下限是陶希聖這樣的小資產階級知識分子，上限是王正廷這樣的官僚政治家，中間大多數是像蔣介石這樣的軍官之類的角色，他們的階級性要比共產黨稍微高一點。

無論如何，既然五毛和輿論界的戰爭都是次要的，學術永遠解決不了政治問題，上海工部局採取的指望依靠學術來解決政治問題的路線實際上就已經預先失敗了。費信惇總董

18　劉仲敬，《費唐報告的命運》：「帝國主義的傳聲筒《北華捷報》很快收到義正辭嚴的群眾來信，作者自稱是一位元關心外國事務的中國學生。後人發現，這位學生名叫顏惠慶（在北京政府歷任外交次長、外交總長、國務總理等職。一九三一年後曾任南京政府駐美、駐蘇大使等職。一九四九年後當過政協委員）。他是前任的外交部長，他的信是由現任的外交部長王正廷交給報社的。不過，這些曲折都不影響輿論導向在當時的成功。英國駐上海領事布倫納都開始向國內彙報：費唐質疑中國人建立文明政體的能力，造成了不利的輿論影響。王正廷的操作在不明真相的國際友人當中，無疑發揮了迎頭痛擊的作用。普通學生都有這麼高的水準，費唐憑什麼說中國人素質不高？」

派到美國去的特使被美國國務院婉言謝絕了，因為美國當時還實行孤立主義政策，不願意捲入遠東事務，而歐洲各國連但澤自由市的問題都解決不了，已是自顧不暇，完全沒有能力解決遠東問題。隨著滿洲國的獨立，國民黨和日本在上海的矛盾急遽升級，終於爆發了一九三二年的淞滬戰爭（又稱「一二八事變」）。這時，工部局仍然企圖宣布中立，但是國民政府已經公開宣布它在全國範圍內廢除司法自治、最終要通過以吳淞港為核心的大上海計畫來吞併上海自由市的動機，完全不再遵守上海自由市的中立。而這是以前兩江總督和大清國以及杭州、蘇州的都督府從來都不敢做的事情。

所謂的大上海計畫，跟今天的珠港澳計畫或者大灣區計畫是一樣的。國民黨堅持不肯承認費唐法官說的「上海自由市的成功是因為有自我統治和法治的政府」，反而堅持說「上海沒有什麼了不起，無非就是地理位置好」。但是，上海作為港口的地理位置不是最好的，吳淞口其實才是最好的地理位置，浦東才是最好的開發區。如果我們建立一個大上海，把上海自由市跟吳淞的港口和浦東的開發區組合起來實現一個大上海，那保證把盎格魯人統治的這個上海自由市一下子就給比下去了。我們首先成立一個大上海市政府，從三面包圍上海自由市，然後通過黑社會手段、外交手段、軍事手段並用的手法，一點一點地把盎格魯人擠出去。在最終吞併上海以後，這個大上海一定會成為遠東最偉大的港口。這就跟今天共產黨對香港提出的這個大灣區計畫是一樣的，把深圳和香港全部組合起來，以大亞灣取代香港為主要港口。儘管這個計畫經過了第二次世界大戰的波折，但實際上是獲得了完全的實現。

一九四三年，工部局清算倒閉以後，上海自由市的領土和財富首先落入了汪精衛國民政府的手裡。汪精衛國民政府消除了殖民主義對中華民族恥辱的最後標誌，流著眼淚表示，孫中山先生的遺志終於得到了滿足，中國人民從此站起來了。蔣介石在重慶聽到這個消息很不高興，終於在日本被打敗以後回到南京，把汪精衛的陵廟炸掉，再一次宣布中國人民站起來了。然後他連他在上海的床鋪都還沒有睡暖，就被毛澤東趕出了上海，毛澤東第三次宣布中國人民站起來了。但是這三個中國人民的政權對上海執行的政策基本上沒有差別，都是國民黨在一九三五年執行的那個大上海計畫。包括江澤民時代才付諸實踐的浦東開發區計畫，都是國民黨在一九三五年就已經執行的，只是經過了一系列政治上的波折，直到今天才完全實現。

這樣一個在黨國主持之下的中華民族復興、占據了最好開發區和最好港口的上海，能不能夠超過過去的上海和香港，我相信歷史和現實已經給出了答案。到雲南、新疆和黑龍江「支邊」（支援邊疆）的廣大上海知識青年，對這一點心裡是完全有數的。唯一一點差別就是，同樣被蘇聯人發配到西伯利亞和哈薩克去支邊的愛沙尼亞知識青年從西伯利亞和哈薩克回來以後，毫不猶豫地把蘇聯人從愛沙尼亞趕了回去，恢復了愛沙尼亞人在德國人和瑞典人統治下的歐洲人身分；而同樣從雲南、新疆和黑龍江回到上海的上海支邊青年，到目前為止還沒有和愛沙尼亞人一樣的覺悟。你要是討論一八八〇年代的上海，那在各方面是比俄羅斯帝國全境，比丹麥、瑞典和愛沙尼亞都要先進很多的地方。你要說煤氣燈、電氣燈、自來水、疫苗等是誰先使用的？那是上海自由市首先使用，然後安徒生的丹麥和亞歷山大的俄國才慢慢學會的。上海曾經是比丹麥和瑞典更先進的地方，但是現在則變成了比愛沙尼亞更落後的地方。他們缺少了什麼？他們缺少的就是一個「上海民族」。

八、上海行政國家的夭折和恐怖主義的興起

為何上海無法成為獨立的民族國家？

上海作為建構民族國家的失敗案例，是二十世紀的遠東最有意義的歷史現象之一，它給我們提供了很多的歷史教訓。特別是，上海的歷史資料是極其豐富的，相關的證據都有充分的記載。我們現在投入研究後的總結，可以把上海民族國家建構失敗的原因總結為三個要素：第一，未能及時從它的宗主國手裡收回外交權；第二，未能在二十世紀總體戰的時代及時地建立行政國家和足以支持麥卡錫主義的安全體系和警務體系；第三，在十九世紀自由主義向二十世紀大眾民主過渡的這個關鍵歷史階段，未能將過去在全世界都僅限於地主資產階級的民族或人民概念擴大到所有必須拿起武器保衛國家的全民範圍內。

這是二十世紀民族建構跟十九世紀不同的關鍵之處。儘管很多早期的民族在十九世紀就已經產生了，但是在那時，國民的定義是相當模糊的。一般來說指的就是納稅人，也就是資產階級和地主，大多數的全體居民是居於政治之外的。而第一次世界大戰以後歷史的主要變化就是，把民族建構和大眾民主結合在一起。若非如此，舊的、自由主義式的、脆弱的國家機器是禁不起二十世紀的總體戰和布爾什維克顛覆勢力的雙重衝擊的。上海自由市等於是從反面證明了這樣的真理。儘管很多自由主義者都為十九世紀自由主義的沒落而感到憂慮和遺憾，但是如果二十世紀的民族國家沒有經過他們非常不滿的轉型，那麼在他們當中肯定有很多都已經像上海自由市一樣，最終倒在布爾什維克的豺狼爪子下面了。

由於上海的歷史資料是極其豐富的，任何情況下對於內行人來說，現場紀錄、第一手資料和內部資料總是優於敘事體系的，所以我在本章要盡可能地引用原始資料[1]。初學者和普通國民不經過敘事體系是不能理解任何問題的，他們會覺得這樣做非常頭疼。但是敘事體系其實正是民族發明家或者其他什麼懷有政治企圖的團體操縱他們的主要方式。我們不能諱言，無論是大眾民主的時代還是任何其他的時代，普通人民都是在精英的柔性引導之下投入政治的。而敘事體系正是隱藏在幕後的精英用來引導普通國民的工具，讓他們自以為是完全根據自己的意見。但是實際上，他們能夠形成的意見的絕大部分前提，都已經被他們從小受到的教育的敘事體系所規範了。現代民族國家，也就是實行普選權制度的民族國家，如果沒有相應的國史教育和適當的敘事體系，幾乎是無法存在的。反過來說，圍繞著敘事體系的鬥爭從來就不是一個純粹的學術問題，而是至關緊要的政治鬥爭問題。像

1 為了翻轉傳統的大一統解釋，並體現作者獨創的「諸夏史觀」，作者針對在本章引用的史料中出現的部分名詞做了修改，但仍保持原意。

是烏克蘭的去俄羅斯化問題，或者像是斯洛伐克的語言戰爭和學校戰爭之類的問題，本質上來講就是政治鬥爭。

現在我們把歷史倒回上海通向南非化和南越化道路的起點，也就是一九一九年，巴黎和會正在召開，青島問題正在引起廣州政府、北京政府和上海國民黨流亡集團之間的微妙博弈的那個原點。這時，上海自由市仍然因襲他們在十九世紀的慣例。

一九一九年十月二十二日，上海自由市議會討論諸夏各邦的移民問題。紀錄顯示，他們擬議建立的僑民顧問委員會或諮詢委員會的候選人，「應在五年期間內，對其估定的租金收入每年每月不低於一千二百兩白銀，並已向工部局完交房捐。這種資產估值與工部局取得當選董事席位的資格相同」[2]這說明了，雖然日本代表在凡爾賽會議中提出、並已經得到列強贊同的種族平等原則意味著犧牲歐裔選民作為建城者的優先權，將公民權利擴大到全體選民身上，但是工部局的議員們仍然堅持資產階級代表權的原則，不願意降低財產權的標準。

一九二〇年一月五日，上海自由市議會繼續討論僑民問題。

「總董隨即向各董事通報了自一月二日特別會議以來的事態發展情況。他聲稱，第二天上午接待了李德立先生。李德立先生隨後提供了一份書面聲明，表達他對諸夏移民代表權問題的觀點。他希望在今日遞交給董事會，並打算明日發表。會議宣讀了李德立先生的聲明。董事們摘要記錄了他的建議。其一：準備建立一個諸夏選民登記處，與諸歐選民登記處並列。其二：邀請諸夏僑民選出三位納稅人，組成顧問委員會，就所有關係到諸夏僑民的事務，向工部局提供建議。其三：董事會宣布立即修改《土地章程》，將議員名額由九名增加到十二名，其中三名為華董，由諸夏裔納稅人選出。其四：董事會和上述顧問委員會確定諸夏移民納稅人出席納稅人會議的名單，名額確定後同時選舉諸歐和諸夏董事。李德立先生列舉了一些據他論證只要採納他的建議就必將出現的好處。他在聲明的結尾處表示：他深信這個社會具有機智的判斷力，將會基本上同意他的觀點。」

「總董稱，收到這份聲明後，他隨即通知李德立先生，董事會要到星期三才開會。李德立先生同意，推遲到星期四公布該信。一月四日，他來電聲稱：他會見了幾位對代表權問題深感興趣的諸夏僑民代表，他們要在第二天早上拜訪英國總領事傑彌遜先生。他建議，同他們一起去。總董隨即表示，當下就聯繫英國總領事。總領事回覆說，諸夏僑民代表團將在十時三十分來訪，總董如果願意列席，總領事不會反對，但總領事不同意李德立

2 上海市檔案館編：《工部局董事會會議錄》第二十冊，上海古籍出版社，第789頁。

先生一起參加，寧願提前半小時接見他。總董後來反覆斟酌此事，並同總辦商議後決定：總領事接見諸夏僑民代表時，他不宜列席，但他事後偕史密斯先生和總辦，拜見了傑彌遜先生。傑彌遜先生告訴總董，他曾向諸夏僑民代表團提到：工部局去年八月已經表示，願意同諸夏僑民討論財政事務。他還建議諸夏僑民代表團委任一個三人委員會，同工部局的三名董事協商，草擬一份有關諸夏僑民代表權問題的計畫，送交納稅人會議討論。總領事強烈主張，工部局推遲至下星期四開徵。這時，美裡門先生發表意見說，工部局在此類問題上過於依賴幾位領事，本來完全可以自己做主。麥克利先生表示附議。總董隨即繼續聲稱，他同傑彌遜先生談話時首次獲悉，領袖領事去年八月曾致信交涉使，表示領事團同情諸夏僑民對工部局代表權的訴求。總董當即取出並宣讀英國總領事後來提供的函件副本，文本還載有領事團某些成員提出的建議：自由市應每年擬定諸夏裔納稅人的名單，允許他們選出一定名額的代表，由他們當中指定的兩人承擔任務。各董事表示震驚和憤慨，因為此事關係諸歐裔上海人的利益甚大，領事團卻沒有事先徵詢工部局的意見，竟武斷地表達了他們的觀點。更有甚者，領袖領事和總董曾在去年十月私下溝通。領袖領事當時同意，工部局最好將有關此事的觀點告訴領事團，但他當時沒有，此後也沒有向工部局透露：領事團早已將自己的看法，私下通知了交涉使。麥克利先生建議：工部局應該強烈反對領事團在這方面的所作所為，也應反對外交使團在自由市界內徵收諸夏聯盟印花稅一事所採取的措施。各位董事一致同意，通過這項建議，但涉及第一件事，既然工部局通過半官方管道獲悉，領事團對代表權問題的意見已經轉達給諸夏聯盟，因此議會決定致函領事團，詢問其對一九一九年十月二十四日工部局去函的意見。」

「這時，議會反覆討論：工部局究竟應該遵守歷屆董事參加的一九一九年十月七日會議決議，以及上述工部局致領事團的函件內容；抑或應該遵從來自領事團的相反意見，看來外交使團的某些成員和英國總領事意見相同。現在看來無論採取何種方式，贊同代表權問題都是不太適宜的。總辦強烈主張，工部局在諮詢歷屆董事並聽取其意見前，不宜改變在這個問題上的立場，因為這些前任董事是參加了十月七日的會議的。他還指出，工部局董事受納稅人委託並代表納稅人，不應僅僅由於領事團或外交使團的相反意見影響而改變觀點，否則就應該全面考慮整個問題及其有利之處，豈有他哉。董事們就此反覆討論後，同意明天下午召集一次工部局歷任董事會議。總辦受命照辦。」

「這時，美裡門先生極為激動地表示了他的意見。他說，工部局不應將稅收問題和代表權問題混為一談。兩者完全不同，雖然中國人試圖將它們扯在一起。工部局在這種情況下不應猶豫不決，必須立即開徵本季度的房捐。麥克利先生和拉姆先生亦持相同意見。其他董事經討論後也表示同意，但他們認為不宜發布明確的通知，規定房捐將於其指定日期繳納，因為中國人肯定會將這樣的通知理解成工部局軟弱的表現。最後，董事們指示：房捐應於一月八日星期四開徵。」[3]

我們要注意，這裡面提到的李德立先生，在一九一九年和一九二〇年的議會當中仍然是少數派，但是在一九二六年就變成了多數派。他是費信惇的先驅者，上海的戴克拉克派的先驅者。後來好幾次主張無原則地擴大選舉權，以及更加重要的是，允許國民黨自己設立的代表機構（也就是所謂的納稅華人會）私自決定對界內僑民徵稅的權力的時候，他都一再地主張讓步。而他提出來的方案，像法國阿爾及利亞政府在一九五〇年代提出的方案一樣，把選民團按照種族的不同畫分為歐裔和亞裔兩個不同集團，讓他們分別投票。而且，允許在上面這段檔案中提到的交涉使來決定華裔選民團的組成和投票。

根據北京政府和廣州政府達成的外交妥協，在凡爾賽會議期間，上海的交涉使和交涉公署交給了國民黨。而國民黨是決心把上海的僑民（無論是南粵裔還是吳越裔）統統發明成為統一的華人，而且藉這個機會對他們徵稅。國民黨搞這一套是非常駕輕就熟的。英國人在東南亞各殖民地實行的是輕徭薄賦的政策，徵稅是象徵性的，往往只是針對臨時開支。而國民黨運用它的黑社會手段，例如在香港由鄧澤如[4]主持的籌款總署，在緬甸和馬來亞各地對南粵僑民用黑幫手段徵收了比英國殖民當局還要多的稅收。正如孫中山所說，華僑是革命之母，這批稅收是國民黨在亞洲大陸採取各種冒險活動的本錢。他們就是憑著這些本錢，才能夠跟南粵軍閥（例如陳炯明）平起平坐。

在袁世凱和中國軍閥勢力強大的時候，他們通力合作，把北方佬趕出南粵。但是在北方佬的勢力衰退、南粵自己看上去有希望實行帝國主義、實現洪秀全當年的夢想而飲馬揚子江的時候，南粵本土派勢力和南粵帝國主義勢力就會發生分裂，國民黨和粵帝國主義勢力形成的聯盟就要跟陳炯明發生衝突，最終被陳炯明趕出了南粵。這時的國民黨已經被趕出了南粵，他們在廣州向商團和地主徵稅的可能性已經化為烏有。這時，他們很希望能夠在上海重複他們在馬來亞和緬甸、甚至南非和哥斯大黎加訓練有素的手段。他們深知，在上海人口中占多數的吳越商團，比他們在廣東和南非曾經多次打過交道的南粵商團要軟弱得多。這個軟弱性，早在劉麗川和洪秀全的時代就已經經過了歷史的證明。因此國民黨認為能夠從他們身上，借助交涉公署和納稅華人會，撈到更多的錢，而唯一可能的障礙就是

3 上海市檔案館編：《工部局董事會會議錄》第二十一冊，上海古籍出版社，第535-535頁。

4 鄧澤如（1869—1934），馬來西亞華人，早年在馬來西亞經營礦業有成，日後為推翻清帝國和討伐袁世凱的革命事業多次在東南亞華人圈募款，深得孫中山的信任，也因此成為國民黨內部的重要人物。

工部局。只要工部局通過了自由派提出的提議，那麼國民黨就可以一舉扭轉失去廣東以後財政困難的狼狽局勢。

自由市與母國的立場相悖

一九二〇年一月六日，上海自由市議會繼續討論諸夏移民問題。

「克拉克、共虎特、霍利德、波蘭德斯、朱滿和維爾金森等歷屆董事應邀出席了會議。總董對他們表示歡迎。由於會議通知時間短促，美基先生和李佳資先生未能出席。總董對此表示遺憾。」

「會議宣讀了一九一九年十月七日關於討論諸夏僑民參加自由市行政事務的會議紀錄，以及工部局就此致領袖領事的函件。然後，總董簡要說明了事態的發展。他同時詢問歷屆董事，工部局應採取什麼立場。接下來，他聲稱，工部局曾寫信給領袖領事，但迄今並未接到答覆，但在幾天前通過半官方管道獲悉，領袖領事沒有事先徵詢工部局的意見，就已經在去年八月向交涉使表示，領事團贊同關於代表權問題的原則，甚至建議董事會（議會）吸納兩名諸夏裔議員。」

「維爾金森先生詢問，領袖領事致函交涉使時，是否已經徵得整個領事團的同意。這方面不可能有什麼官方答案，但看來大多數的領事都是同意的。維爾金森先生對領事團背著工部局與諸歐納稅人會議處理諸如此類的問題提出抗議，認為這些領事在自由市界內的利益不同於納稅人。總董表示完全同意董事們的意見，還提到外交使團背著工部局做的另一件事，即據說外交使團同意諸夏聯盟在自由市界內徵收印花稅。議會接受了維爾金森先生和霍利德先生的建議：工部局應以毫不含糊的措辭告知領事團，工部局不能容忍此類做法。霍利德先生繼續聲稱，如果各領事不支持工部局在自由市界內的此類措施，就只有召開納稅人會議，並將結果發往歐洲，因為納稅人不允許領事團和外交使團完全放權。如果歐洲各國政府甘願拋棄上海，工部局就無能為力了，然而情況倘若並非如此，某些領事就是誤入歧途了。他們如果非要在未經納稅人同意的情況下犧牲自由市的權益，必然會引發騷亂。」

「總董隨後聲稱，煽動家當前的目標，是要設立諮詢委員會，討論代表如何產生的問題。總董詢問出席者，他們是否仍然堅持在去年十月七日會議上表達的觀點。董事們的回答全是否定的。維爾金森先生隨即聲稱，你最好諮詢納稅人的意見，你在這裡是納稅人的代表。我建議你召開一次緊急會議，向納稅人全盤托出，以他們為堅強後盾，這樣如果發生爭吵，你就會得到全體歐裔的支持。每一個人都會知道糾紛的真相，知道它是從何而起的。如果你這樣做了，我堅信外交使團與領事團都將為此躊躇，因為關於此事的報導，必將立刻傳到歐洲。」

「霍利德先生指出，看來大家在代表權問題上頗多思想混亂。諸夏僑民在祖國的市政府裡沒有發言權，卻想在自由市獲得這項權利。他還說，上海縣是清國諸夏裔臣民的保留地，自由市則是諸歐裔上海人的保留地。目前尚未證實，當前的事件是不是由一小撮煽動家挑起的。領袖領事、英國代理總領事居心不良，導致事態進一步惡化。他認為，諸夏僑民在自由市的地位，很像住進酒店的旅客。旅客只要付錢，業主就歡迎他們。酒店甚至樂於接受他們的意見，但不能容許他們反客為主。維爾金森先生隨即表示，工部局不能再犧牲哪怕是一丁點的利益了。在他看來，事實很清楚。這是故意置工部局於被動地位。煽動家則懷著激烈反對工部局的意圖，背著工部局去找領事團。他們這樣做，是因為曲解了《土地章程》第二十八條的規定：各方將來如欲更改、增添此項章程，或對其涵義及其所授權利有懷疑之處，即由各國領事與清國屬地政府會同協商解決，但需各國欽差和清國政府批准後方可定規。」

「維爾金森先生聲稱問題很清楚，《土地章程》事先估計到：如果工部局和納稅人雙方同意修訂章程，只能按照章程規定的程序辦理，不能逕自將所擬修改部分付諸實施。」

「朱滿少校答覆一位董事的詢問時稱，志願軍（萬國商團）時刻準備應對可能爆發的任何騷亂。關於此事，他聲稱，萬國商團諸夏隊曾通知他，如果上海總商會在這個問題上支持各路商界聯合會，他們就不願意循例將總部設在總商會大樓裡，而準備宿營在馬路上。」

「拉姆先生和霍利德先生又分別聲稱，目前的運動肯定沒有獲得諸夏各僑民社團全心全意的支持，其中許多人確實對目前的規定感到很滿意，因為根據這一規定，北吳（North Goetland）[5]地方官吏無權向他們徵稅。霍利德先生又稱，據他所知，大多數商店並不擁護罷工運動，只是遭到各路商界聯合會頭目的裹挾而已。他的意見是，只要工部局顯示自己比後者強大，局勢就會迅速改觀。皮爾斯先生證實了一些董事的看法：鬧事的領導者當中有幾個道德敗壞的人，至少一人有前科。」

「議會結束討論，決定立即召開納稅人會議，以便弄清他們對代表權問題的看法。工部局在這次會議上，將會向納稅人解釋迄今為止的應對措施。這些措施已在工部局於

5 劉仲敬術語，在其「諸夏理論體系」中指「吳越國」的北部，即今日的江蘇省。

一九一九年十月二十四日致領事團的信件中表述，但迄今尚未得到答覆。工部局還要以強硬的措辭指責領事團在這方面的做法，以及他們在徵求工部局意見前就明確表態。工部局還會要求這屆納稅人會議授予全權，處理代表權問題。工部局同時還將按預定步驟，開徵房捐，如有抗拒等情，將予以傳喚並扣押其財產。總董再次代表董事們，感謝克拉克、共虎特、霍利德、波蘭德斯、朱滿和維爾金森先生出席會議。然後，他們旋即告退。」[6]

一九二〇年一月七日，上海自由市議會繼續討論諸夏移民問題。

「一月六日，英國總領事、一些商界聯合會的代表團以及其他諸夏僑民又開了一次會。今天，議會審視了這次會議的摘要。董事們從中得知，傑彌遜先生大致上贊同諸夏僑民獲得議席的渴望。董事們還獲悉，傑彌遜先生曾指出：涉及《土地章程》的建議，只能送交有關當局，經諸夏納稅人和諸歐納稅人、領事團與上海縣政府達成協議後，是有成功希望的。這是一件花費時間的事情，但他同意將會議出席者所提建議轉交工部局，同時建議委任六名諸夏僑民組成的諮詢委員會，就諸夏納稅人福利問題向工部局提出建議。傑彌遜先生建議作為第一步，成立一個諸夏諸歐聯合委員會，在雙方都可以接受的基礎上，草擬一份選舉人名冊，為以後的諸夏裔議員選舉做準備。擬議的諮詢委員會委員，從上述的諸夏選民團抽籤產生。如果納稅人會議隨後通過了諸夏裔議員的選舉原則和擬議的選民團章程，則《土地章程》相關部分的修訂即可提交各國政府批准。諸夏裔議員一經選出並參加議會，就有權提出修改《土地章程》的願望。總董聲稱，在上述會議後，諸夏團體代表前往李德立先生的辦公室，向他表示對傑彌遜先生的建議感到不滿。李德立先生經這些代表同意，隨即起草了一份函件（其草稿已經在昨天下午的會議上提出），並非常肯定地說，該信將在今天下午簽署，然後遞交董事會審議，但董事會收到的函件，內容卻與草稿大相逕庭。議會宣讀了該函件。函件要求工部局採取臨時措施，承認兩個簽署組織（即總商會和各路商界總聯合會）推舉的六人諮詢委員會。諮詢委員會負責就工部局各項事務，尤其是涉及諸夏僑民利益方面的事務向工部局提供意見，並要求為了卓有成效地取得諸夏納稅人的合作，工部局應尊重諸夏裔顧問的意見。至於代表權問題，該函件聲稱：與此同時，我們對房捐的基本原則，以及如何使諸夏裔納稅人對代表權問題感到滿意，將繼續尋求並找到辦法。該函的觀點看來相當溫和，但根據代理警務處長的觀察，有幾個對代表權問題殊感興趣的重要組織卻沒有參與。事情真是這樣，眾所周知，至少商業聯合會原來是

6 上海市檔案館編：《工部局董事會會議錄》第二十一冊，上海古籍出版社，第537-538頁。

參與起草該信的，但因某種理由而退出了。」[7]

一九二〇年一月十二日，上海自由市議會繼續討論諸夏移民問題。

「總辦旋即告訴各董事，所謂中國總商會的一位會董曾向他透露消息，大意是總商會大部分成員對當前拒繳房捐一事，態度與工部局完全一致。朱葆三和陳則民聯名簽署了第一封致工部局的信，但朱葆三是在壓力下違反自己意願簽字的。諸夏僑民目前的態度，大都由於他們認為商業聯合會正在占優勢。爆料者接著聲稱，北京員警廳有唐姓醫師的檔案。他認為，這一煽動者應予揭露。代理警務處長為了說明目前的煽動活動多少是依靠恐嚇手段，而非自由市的店主和商人真心實意予以支持，聲稱他通過二十名巡捕房調查了三十條馬路的商號，查明大約只有百分之十的店主支持目前的煽動活動，而其餘百分之九十認為這類煽動是愚蠢的，對此並不感興趣，他們願意繳納房租，但怕招致報復。」

「隨後，總辦聲稱，煽動的領袖人物在散發信件的同時，大肆印發傳單，威脅要舉行總罷工。他們認為以此恐嚇和威脅手段，就能迫使工部局讓步。總辦極力主張繼續採取強硬政策，因為在目前的關鍵時刻，任何談判、投降或讓步，都不可避免地導致中國人認為，今後在任何場合只要揮舞大棒進行威脅，就能迫使工部局做出讓步。各董事一致同意這一觀點，隨後深入討論了總辦草擬的建議書。」[8]

這裡提到的「總辦」，是工部局在第一次世界大戰以後剛剛設立的行政機構。我們要注意，「總辦」和「總裁」這兩個詞跟「公局」一樣，都是上海工部局首先使用、然後才推廣到漢語世界的。現在在大多數人印象中，總裁是誰？那就是蔣介石，蔣介石是國民黨的總裁。但是「總裁」這個詞原先的意義只是工部局的行政首腦。總裁和總辦在工部局的歷史當中，相當於英國內閣歷史當中首先設立的第一財政大臣和後來設立的內閣總理。這等於是，在議會之上，使自身的行政機構進一步專業化，並設置了更多的專業辦事人員。其中，人數最多的就是員警，十九世紀的上海員警是按照香港員警的規模創辦的。

從這些內部檔案我們可以看出，上海工部局以及產生上海工部局的納稅人會議，他們真正的交涉對象其實是列強。公使團願意接受交涉公署在凡爾賽提出的意見，壓上海自由市的原住民做出讓步。這種做法，跟英王喬治三世及其政府願意支持阿帕拉契山脈以西的印第安人的要求、壓迫華盛頓將軍和北美十三州的殖民者做出讓步的做法是一樣的，也跟一九九〇年美國和西方國際社會願意支持曼德拉、壓迫原有的南非白人政府做出讓步的邏

7 上海市檔案館編：《工部局董事會會議錄》第二十一冊，上海古籍出版社，第538-539頁。
8 上海市檔案館編：《工部局董事會會議錄》第二十一冊，上海古籍出版社，第541頁。

輯是一致的。

跟國民黨和共產黨提出的國恥教育的敘事體系相反，上海工部局的納稅人曾經多次想要像華盛頓將軍時期的北美殖民地居民一樣擺脫他們的宗主國。在宗主國的壓迫之下，殖民者的社會永遠不能夠越過獨立建國的最後一關。他們的外交權力掌握在宗主國的手裡，他們不能夠越過宗主國而獨立交涉，因此在交涉當中經常是要吃暗虧的。如果上海工部局的主權是來自於納稅人，納稅人出錢建立工部局，工部局的每一筆錢都要經過納稅人的同意，如果這些納稅人在遭到母國英國和歐洲列強壓力的時候能像華盛頓將軍時期的大陸會議一樣，果斷地宣布自己是一個像美國一樣的民族國家，跟英國平起平坐，依靠自己的義勇軍來對抗母國的壓力，那麼之後的事情就都不會發生了。

以民主平等之名，行敲詐斂財之實

國民黨的交涉公署在北京和廣州都沒有得到真正的支持。廣東軍閥跟他們之間的關係已經是非常糟糕，北京政府傳統上是他們的敵人，他們的力量是空虛的。而在上海自由市他們企圖發明的華裔居民當中，粵裔居民的力量比較堅強；吳越人比較散漫，因此更容易受到他們的敲詐。但是如果他們失去了交涉公署的職位的話，他們就會什麼也不是。工部局對國民黨和他們的煽動機構的力量並沒有什麼尊重，覺得只要自己採取強硬立場，他們就會土崩瓦解。但是他們對於英國人和歐洲人基於種族平等原則要求他們擴大選舉權的壓力是非常認真對待的，覺得沒有辦法反對母國的要求。

這使得他們沒有當機立斷，做出華盛頓將軍和大陸會議當年做出的事情，沒有做出埃及人在一九二二年做出的事情。埃及在一九二二年的獨立，意味著埃及的外交不再由奧斯曼帝國和大英帝國共同主持，而是由埃及王國自己主持。儘管這樣的獨立是名義上的，埃及在財政和軍事實際上是離不開英國的，埃及政府在以後的幾十年仍然很像是英國的附庸國，但是如果沒有這一波形式上的獨立的話，今天的埃及民族國家就不會存在。而工部局卻沒有勇氣和能力踏出埃及人和美國人建構民族國家的關鍵步驟，也就是收回自己的外交權力。

這使得他們了解得很清楚的煽動家得以利用這方面的漏洞，利用凡爾賽會議的機會和之後的外交交涉機會，名義上打著種族平等、擴大民主的旗號，實際上卻是想利用這個機會，用他們把持的所謂納稅華人會和各馬路商界聯合會，向非常富有、稅卻交得非常少的吳越裔上海僑民徵收比他們的祖先曾經向大清國、江蘇都督、浙江都督和工部局交納的稅收重得多的稅收。拿到了這筆錢，國民黨就可以東山再起，跟廣東軍閥和廣西軍閥平起平坐，向北洋政府提出挑戰，這才是他們真正想要的。

吳越裔商人並不是傻瓜，百分之九十的商人寧願按照過去原有的輕徭薄賦的慣例支持工部局。但是請注意，這時上海出現了跟香港不同的局面：他們禁不起國民黨的恐嚇。為什麼禁不起國民黨的恐嚇？因為他們沒有能夠保衛自己的武裝共同體。香港的華人，主要是廣東籍的大天二（流氓、惡霸之意）。有些人有自己的神廟，有些人根本就是走私頭子。比較體面的人像陳廉伯[9]，在廣州商團被孫中山打敗並且逃到香港以後，又做了香港華界居民的董事。他是在中日戰爭爆發以後，在逃亡過程中才溺死的。他們顯然是有力量保衛自己的；廣州機器工會則像瑞典的工會一樣，也有自己的體育隊。

工部局在當時沒有力量保護他們，是因為他們的員警是按照十九世紀的規模建立起來的，這是全世界的普遍現象，不獨上海為然。一九二〇年代，瑞典也沒有像樣的員警部隊，瑞典的社會民主黨工會，每個星期天都組織自己的工人，拿著酒瓶子去打砸布爾什維克。如果你要問，瑞典的員警都上哪兒去了？答案是，他們的員警根本沒有這麼大的規模；連英國的員警，也是一九二六年以後才擴大的。

但是，擴大員警和擴大軍隊都是要增加稅收的。如果不想增加稅收的話，那麼這些事情就辦不成。要增加稅收就要改變十九世紀輕傜薄賦的基本原則，小政府就要不復存在，大政府就要徵集全民軍隊，因此納稅人團體必須從資產階級擴大到全體人民。全體納稅人民要有上海民族意識，就要有像華盛頓將軍這類的美國人後來一直堅持的那個原則：無論你從哪裡來，你不是住在美國的英國人和德國人，而是英裔、德裔和義大利裔的美國人。這樣一個新的大眾性的民族認同，要跟你們的納稅權和軍事權相互綁定。

這樣一項工程，正是上海工部局沒有完成的。他們的行政機構認為他們完全有能力消滅這些顛覆活動，但是工部局卻沒有讓他們放手這麼做，關鍵還是因為金錢的問題。要這麼做的話，就要擴大稅收來源，擴大選民基礎。工部局維持了十九世紀輕傜薄賦的原則，結果犧牲了自己本來通過總裁、總辦和各辦事委員會的設置而初見雛形的行政國家；張作霖能夠消滅境內的布爾什維克，就是因為他能夠建立這樣的行政國家。這個行政國家依靠奉天的金融家和滿洲各省的拓殖者的支持，由一九三二年的滿洲國繼承。儘管滿洲的形勢比上海要惡劣得多，卻非常有效地在一九三〇年代消滅了布爾什維克的顛

9 陳廉伯（1884—1944），因善於經商而成為廣州富商。辛亥革命期間，廣州治安變差，商人們為求自保而成立具有武裝性質的廣州商團，並由陳廉伯擔任團長。不過，日後隨著廣州商團與國民黨之間的衝突加劇，最終於一九二四年爆發廣州商團事變，陳廉伯遭通緝而避居香港。

覆活動。

一九二〇年四月十四日，上海自由市議會討論中國、吳越和南粵僑民組織的代表權問題。

「總董注意到，警備委員會諸位委員從《警務日報》上獲悉：各路商界聯合會正在準備選民團名單，以便提名諮詢委員會。他同時認為，董事會最好採取措施，回擊各路商界聯合會的這一行動。總董建議上海總商會主動向董事會提出盡可能涵蓋所有諸夏僑民社團的代表名單，以便提名諮詢委員會人選。費信惇先生隨即聲稱，上海總商會與其說是中產階級的代表，倒不如說是富有階級的代表。他又說，諮詢委員會的人選，最好交給寧波會館和廣肇公所決定。議會詳盡地討論了他的建議。最後，董事們指示總辦，起草一封致上海總商會的信，並交議會審批。該信應該要求上海總商會主動召集諸夏僑民各派同業公會和聯合會，提交適宜的諮詢委員會候選人名單。候選人的資格，應以總董一九一九年十月二十四日致領袖領事的函件為準。」[10]

「總商會雖於（一九二〇年）六月上半月間一再登報聲明：『本會系商業團體，會員雖僅三百餘人，皆代表各幫商業之領袖居多，所有上海商業公所會館涵蓋在內。此次選舉華顧問，請各業團體分頭辦理，並非在會員三百人中推舉，似不得指為屏棄市民，希圖包辦。夫所謂各業團體者，即其會館公所也，範圍甚廣，其選舉何人，並無限制。即就馬路商店而言，各行各業皆有會館公所，其對於各業之會館公所皆有選舉權。至於商業以外之團體，漫無涯涘，當然非本會所能顧問。』（六月七日及十二日的《申報》）但這樣的解釋只發生了相反的作用，枝節格外多了起來。六月六日，接得總商會五月三十一日請迅即於一星期內推選候選員的函信的廣肇公所開會討論這事，決議該公所『未便侵犯多數人權利，擅開員名，供人採擇』（六月七口《申報》），加以拒絕。寧波同鄉會又於六月九日開會，以同樣理由拒絕了同樣的事。」[11]

一九二〇年七月二十八日，上海自由市議會討論布爾什維克滲透問題。

「北吳越（North Goetland）督軍李純發表宣言，其措辭引起了董事們的注意。宣言指責諸夏聯盟和平代表王揖唐將軍密謀煽動南、北吳越之間的紛爭，董事們特別注意宣言的末段：如有協助緝捕此等密謀者，無論死活，都可領取異乎尋常之重賞。士兵們當知，剪除此等暴徒，保護良民安居樂業，系對國家之崇高責任。務望格外努力，儘早將此等密

10 上海市檔案館編：《工部局董事會會議錄》第二十一冊，上海古籍出版社，第567-568頁。

11 蒯世勳編著：《上海公共租界史稿》，引自《上海公共租界史稿》，上海人民出版社，1980，第539頁。

謀者緝捕歸案。這份宣言，看來是中國新聞署交給西文報紙的。該署向以積極從事反安福系活動而聞名，支持所謂的護法聯盟。其策畫者為中國煽動分子唐犧支和一名具有布爾什維克思想的美籍俄人索科爾尼基，據信他在一九一九年學生運動中起著重要作用。王將軍在報紙上公開宣告，駁斥對他的指責。捕房仔細調查，正如七月二十七日《警務日報》的報導，似乎他們全無依據，就現在的情況而言，難以駁斥。」[12]

一九二〇年十二月十五日，上海自由市議會繼續討論諸夏移民問題。

「上海總商會十一月二十四日來函通知說，他們接到華人納稅人聯合會正副會長王正廷博士和陳則民的來函。來函聲稱，該聯合會理事宋漢章、謝永森、穆藕初、余日章、陳光甫諸先生當選為工部局諸夏諮詢委員會委員。」

「總辦收到此信後，曾去函總商會，索取該聯合會的章程和規章條例等，現將譯文、警務處長關於上述五名華人的履歷，以及總辦根據上屆納稅人會議通過的第八項提案授權，制定的諮詢委員會章程和許可權備忘錄一併提交議會。備忘錄論述以下的問題：『其一：所謂華人納稅人聯合會由哪些人組成，代表哪些人。』『其二：所謂的聯合會以其規章制度限制了諸夏裔納稅人和諮詢委員會候選人。無論他們的資格如何以及是否合適，聯合會的規章制度都使他們不能入選。』」

「關於其一，總辦提出了聯合會某些要人的名字。他指出其中幾個人曾積極主張董事會應有華人代表，而且或多或少在一九一八年和一九一九年幕後策畫，鼓吹在代表權問題解決以前拒交房捐。聯合會雖然自稱代表自由市全體諸夏裔納稅人，但事實上能不能代表其中極小的一部分都非常可疑。」

「關於其二，總辦研究了聯合會規章第四、五、六、七條。他特別指出，根據第六條，工部局告知五名諮詢委員的每一件事，他們都有義務向聯合會理事會彙報。因此真正的決策權不在諮詢委員會，而在聯合會的二十七名理事手中。諮詢委員會提交工部局的所有問題，事實上同樣來自聯合會理事會，而非諮詢委員會自身。深入研究勢必發現：聯合會理事會控制了諮詢委員會，篡奪了迄今尚未取得的權力。總辦認為，絕不能允許出現這種情況。議會務必牢記聯合會的幕後操縱者，以及他們的目的和目標。聯合會如果得逞，幾乎肯定會降低歐裔上海市民的威信，以致自由市的行政權遲早落入中國人手中，其後果是不難預見的。總董在去年納稅人會議上的發言，曾對此事做了詳細的論述。他當時提出動議，拒絕諸夏僑民在董事會的代表權。」

12 上海市檔案館編：《工部局董事會會議錄》第二十一冊，上海古籍出版社，第550頁。

「總辦指出，所謂聯合會的規章第七條提出了一項召開納稅人會議的類比程序。他們想要達到什麼目的，昭然若揭。聯合會規章第八條提出，聯合會的經費由自由市界內的諸夏裔納稅人提供。工部局如果承認所謂聯合會有權提名諮詢委員，就給他們提供了一個不斷敲詐勒索諸夏裔上海人的藉口。這有悖於當初制定的政策：除工部局外，任何人都無權在自由市界內徵稅。」

「總辦鑑於上述情況，建議工部局函覆上海總商會，尤其要簡要地提及聯合會章程第六條，同時說明議會絕不允許他們依據該項條款，提名諮詢委員。」

「鑑於茲事體大，麥凱和麥辛台兩位先生又因故未能參加今天的會議，議會根據總董的建議，通過決議：董事會在下次會議以前，暫不做出採取措施的決定。董事們經過初步討論，大致同意總辦備忘錄申述的意見。鑑於蘭塞姆博士因故不能出席下次會議，總董現在就徵詢了他的意見。蘭塞姆博士回答說，無論諮詢委員個人作為名流的資望如何，只要他們受制於所謂聯合會的規章，議會就不宜諮詢他們的意見。博士幾乎可以肯定，這樣會擴大中國人對自由市行政管理的影響。」[13]

顯然地，工部局的行政機構已經掌握了充分的情況。國民黨控制的所謂納稅華人會的真正目的就體現在這裡：給他們提供了一個不斷敲詐諸夏以及上海人的藉口。我們要注意，由於工部局在後來的發展中沒有嚴守他們自己制定的原則，最終把他們的「拒絕的權力」交給了後來一九二八年的南京國民政府，以至於到了一九三七年中日戰爭爆發的時候，國民黨的半數收入就來自於當初大清國時代被明確認定為非法的敲詐性收入。沒有這筆敲詐性收入，南京政府不要說是發起八一三事變[14]和虹口事件[15]並發動戰爭，就連維持自己日常運作的經費都沒有。工部局堅持十九世紀自由主義的輕徭薄賦政策的結果，就是把非常富有的吳越裔上海人的錢包交給了國民黨。如果他們當時果斷地建構民族國家，收回外交權，允許吳越那些寧願露宿街頭也不向國民黨投降的義勇軍支隊成員在擴大後的上海軍隊當中保衛自己的錢包，那麼同樣這筆錢，只要有四分之一落入擴大後的上海自由市的行政國家手裡面，就完全可以餓死南京政府和國民黨，保衛上海的獨立了。沒有任何軍隊在財政開支不能維持的情況下還能夠作戰的，二十世紀民族國家的職權擴大，最根本的

13 上海市檔案館編：《工部局董事會會議錄》第二十一冊，上海古籍出版社，第614-615頁。

14 即第二次上海事變，發生於一九三七年八月十三日。起因為日本軍官於虹橋機場遭中國士兵擊斃，日方對國民政府提出嚴懲條件遭拒，遂出兵進攻上海，成為淞滬會戰的導火線。

15 即虹口公園爆炸事件，在一九三二年四月二十九日發生於上海虹口公園的炸彈攻擊事件，由國民政府與流亡中國的韓國臨時政府共同策畫，目的是暗殺一二八事變（第一次上海事變）中的日本高階軍官。

原因也是在財政上。

我們要注意，在一九一九年，吳越商會的代表人物朱葆三和陳光甫[16]還向上海工部局聲稱，他們是被國民黨脅迫的，只要工部局能夠保護他們，他們並不願意屈服於國民黨。但是我們不要忘記，在一九三六年，這兩個人都已經是國民黨在上海的代理人了。這就是所謂的兩面人，兩面人效忠的對象不是他們愛戴的對象，而是他們恐懼的對象。吳越裔上海商人的頭面人物，跟國民黨推行黨化國家以後加入國民黨的大多數各行各業的頭面人物一樣，主要是為了保護自己的行會和團體成員免遭騷擾。例如，國民黨的政策就是，重要學校的校長必須是國民黨員，必須在

虹口公園爆炸事件與八一三事變　一九三〇年代，中日雙方衝突日增，戰爭一觸即發：一九三二年，中國國民政府與韓國臨時政府共同策畫了一起刺殺行動，雇用韓國青年尹奉吉擔任殺手（圖1），趁日軍於四月二十九日在虹口公園舉行活動時，用炸彈刺殺現場官員，稱為「虹口公園爆炸事件」。一九三七年八月，因日軍士兵遭虹橋機場的中國士兵擊斃而引發外交危機，日軍派人調查（圖2），決定對國民政府提出撤除上海防禦工事的要求，但卻遭到拒絕，因此在八月十三日對國民黨軍隊展開攻擊，此為「八一三事變」。

自己的學校中推行三民主義教育，拜總理遺像。如果教會學校認為，無論是拜天皇還是拜孫中山，都是違反了基督教禁止敬拜偶像的規矩，那麼國民黨就說，你的學校被查封了，你不能辦下去；如果你的校長願意妥協一下，加入國民黨，國民黨就可以睜一隻眼閉一隻眼地讓你的學校辦下去。同樣地，醫師行會、會計師行會和各行各業有威望的名流也都受到了同樣的威脅。他們大部分屈服了，使國民黨的黨國得以成功地征服諸夏各邦。

終局：上海自由市的全面衰敗

而這一切，最初就是在一九一九年的上海開始的。工部局的行政機構和警務機構是有能力制止他們的，但是第一要有錢，第二要有政策。而工部局在這方面是只給政策卻沒有給錢，因此錯失良機。後來在一九三〇年代導致上海自由市覆滅的各種因素，像是風暴剛剛開始的極小一片黑雲一樣，出現在一九一九年和一九二〇年的夜空當中。工部局沒有像

16 陳光甫（1881—1976），上海吳越商會代表人物，創辦了上海商業儲蓄銀行和上海商業銀行。曾與蔣介石多有往來，被授命為江蘇省兼上海財政委員；並曾代表中國與美國進行商貿談判、金融貸款等事務。

華盛頓將軍和他的同僚一樣防微杜漸，從喬治三世徵收的那一點點稅收和英國政府跟印第安人達成的那些實力相當薄弱的聯盟當中預見到未來的危險。他們的苟且政策，導致了一九三〇年代工部局的危機。同時，新移民（這是南非化問題的主要問題）往往不像建國的老居民那樣具有共和主義傳統。羅馬人對新移民就是非常懷疑的，認為沒有經過三代人的實踐，新移民不可能獲得羅馬的公民權。只有像布魯圖斯[17]那種羅馬人的老世家，才真正明白羅馬共和主義的真諦。吳越籍移民的軟弱，有一部分是因為他們在自己的老家還

南京路　一八五一年，上海跑馬總會為了方便會員前往賽馬場而增闢了一條從外灘直抵跑馬場、與既有馬道平行的道路，因此又被稱為「大馬路」。一八六五年，為了紀念清英兩國簽訂促使上海開埠的《南京條約》，於是將大馬路改名為「南京路」。由於南京路位於英租界的核心地帶，道路兩側商鋪林立。一九〇八年，路面鋪設供電車行駛的鐵軌，提升了交通運輸的效率，使得南京路成為上海自由市最繁華先進的街道。

有相當多的關係，但是更重要的原因就是，他們不像香港的南粵人那樣擅長用武力保護自己。他們一再遭到國民黨特務和後來的共產黨特務的敲詐，但是他們沒有想到組織自己的體育隊、武裝力量、武裝走私團體來保護自己。南粵人能夠這麼做，主要是因為，他們其實是十九世紀剛剛儒化、取了關姓或陳姓等各種姓氏的蠻族部落，過去的軍事傳統還在。而吳越商團主要是來自於士大夫，他們很善於考試，很快就把他們的子弟送進了聖約翰大學和其他名牌大學，但是他們根本不願意使用武力保護自己。等到工部局的員警不願意保護他們的時候，他們就投入了國民黨的懷抱，做了國民黨的傀儡。

今天在美國和加拿大的所謂華僑，跟一九三〇年代的陳光甫和朱葆三做的事情是一模一樣的。我們根據歷史經驗就可以推出他們的前途。後來陳光甫死心塌地跟著國民黨走了，而朱葆三則把兩面人做到底。首先，因為盎格魯人不能保護他，最終投入了敲詐他的國民黨手裡；然後在發現國民黨也不能保護他的時候，他又心甘情願地投入了共產黨和山東老幹部手裡。他的女系後裔最終不得不在一九五〇年代嫁給了赤腳進城的山東老幹部，

17 馬爾庫斯・尤利烏斯・布魯圖斯（Marcus Junius Brutus，前85—前42）羅馬共和國晚期的元老院議員，參與了刺殺凱薩的計畫。

變成了他們的戰利品。而他的第三代子孫在江澤民時代和胡錦濤時代，又重演了一次他在三〇年代的舊事。到美洲來留學，在美國和加拿大的僑民社區當中當兩面人，在美加的僑團當中擴大匪諜的影響。按照歷史先例的話，我們可以想像，共產黨在今天美國和加拿大的僑民社團當中，肯定要做他們在一九二〇年代和一九三〇年代在上海的僑民當中所做的事情。這些事情在理論上就是要把吳越人、南粵人和所有其他人發明成為華僑，然後告訴他們，華僑的祖國不是上海，不是美國，不是加拿大，不是保護他們、讓他們發財、輕徭薄賦、讓他們享受自己的祖先在家鄉不能享受的那些自由和權利的、由盎格魯人統治的上海、美國和加拿大，而是虐待他們、壓迫他們、恐嚇他們的遙遠的所謂的中國。然後，他們要在自己自由的定居國充當第五縱隊，顛覆東道國的自由制度，使得美國和加拿大像一九三〇年代的上海一樣淪亡。一九三〇年代以後的故事，馬上就要在未來十年的北美發生了。當然，他們的相對勢力要弱得多，而美國和加拿大在外交上和國防上的地位也比一九三〇年代的上海要強大得多，所以結果肯定是排華。但是反過來說，排華失敗的前車之鑑已經由一九三〇年代的上海自由市表現出來了。

一九二二年七月七日，上海自由市議會討論共產國際在遠東的顛覆活動。

「總董告知董事們，召開此次會議，是為了討論和決定，對律師古德林先生代表的所謂中國海員工會，申請批准舉行該工會上海分會的成立開幕典禮事宜，應持什麼態度。他說根據已公布的會議日程，開幕典禮將是群眾集會且有音樂節目，因此需要一張執照。該申請原擬於星期日在西藏路寧波同鄉會的房屋內舉行。工部局已通知該同鄉會不能給這樣的集會發執照，除非做出某些變更，以符合發給執照的要求，才能在該房屋內舉行集會，同時也已通知古德林先生，不能在該處舉行開幕典禮。古德林又呈遞一份申請，說明開幕典禮將在海寧路海倫電影院舉行，請求給予執照。警務處長就此提出反對，認為不宜允許自由市內舉行如此集會。」

「警務處長在答覆總董和董事們時聲稱，何豐林將軍認為所有這類性質的會議都是危險的，因為他們大都用來散布紅色傳單和宣傳品，以反對合法當局。他認為工部局董事會或許不能阻止海員工會在上海成立分會，但是可以阻止他們舉行群眾集會。他相信諸夏聯盟當局也不會允許在他們的轄區內舉行這樣的集會。除此之外，還必須記住，有確切證據表明，香港海員工會的罷工，是由廣州革命政府發動的，並有孫逸仙博士的積極支持。他宣讀了香港捕房送來的最新報告摘錄，證明組織該工會上海分會的五個煽動者當中，有兩人曾積極參加香港罷工，有四人從香港領取薪水，無一人在上海有任何商業利益。」

「董事們接著討論，大多數人傾向於允許集會，理由是無論香港罷工利弊如何，該工會上海分會的促成者有沒有參加香港罷工，他們在上海並沒有做什麼事情，使董事會有正當理由禁止這一開幕典禮。同時，董事們同意：在適當時候，當董事會需要堅定行動的時候，或許會把香港的策略引用到上海來。」

「於是警務處長著重指出，他的部下和他本人經過仔細考慮，堅決主張不允許舉行這樣的集會；而且他對此極為堅決，希望把他的意見保存在會議紀錄中。總董認為，董事會是制止該工會的活動，還是聽其自然，這是遲早要解決的問題。」[18]

工部局這時採取的這個政策，相對於港英當局跟雲南唐繼堯方面達成的反恐協定，可以說是相當綏靖主義的。他們只了解他們自己的捕房送來的資料，而共產國際方面則留下了另外一些反面的資料，證明事實上上海當時受到的威脅已經比他們設想的要大得多，而且在上海的地下組織當中，名義上充當頭面人物的國民黨實際上已經快要被共產黨吃掉了。

共產國際方面的資料是這麼說的：

「李立三同志回憶一九二四年到上海從事工人運動的經歷時，曾經說過，上海工人工作中最大的問題是幫會問題。立三同志研究了上海工運的歷史情況，就運用他在安源對付洪幫的辦法來對付青幫，結果五卅運動時，保護他的都是青幫的徒弟。」[19]

「上海職工大眾入幫會的人數，據估計，在郵局方面約占職工總數的百分之二十，全市職工入幫會的比例可能更大些。若將入幫會的職工人數加上各行各業各單位自發組織的兄弟會、姐妹會、關帝會等，以及地方幫派如廣東幫、寧波幫、山東幫、湖北幫、江北幫等等的人數，那在全市職工總數中所占的比例就更大。在這些名目繁多的大小組織裡，有不少人是與幫會有聯繫、並以幫會為靠山的。這些兄弟會、姐妹會、關帝會以及各地方幫會，都是廣大職工在社會生活和經濟鬥爭中的互助團體。」[20]

「上海市總工會的領導核心除主席委員外，有五個常務委員，都是幫會中人。我自己（朱學範）是杜（月笙）門中人，周學湘、邵虛白、葉翔皋、李夢南、龍沛雲等五個常務委員均投在金廷蓀門下。」[21]

一九二五年六月十五日，上海自由市議會討論五卅運動善後事宜。

---

18 上海市檔案館編：《工部局董事會會議錄》第二十二冊，上海古籍出版社，第576-577頁。

19 中國人民政治協商會議上海市委員會文史資料工作委員會編，朱學範等著：《舊上海的幫會》，上海人民出版社，1986，第1頁。

20 中國人民政治協商會議上海市委員會文史資料工作委員會編，朱學範等著：《舊上海的幫會》，上海人民出版社，1986，第1頁。

21 中國人民政治協商會議上海市委員會文史資料工作委員會編，朱學範等著：《舊上海的幫會》，上海人民出版社，1986，第8頁。

「總裁詹森上校在這次會談中，企圖弄清華人對組織調查委員會調查南京路開槍事件的意見究竟如何。總裁說照他的意見只有司法調查才有價值，因為這種調查委員會的行動是大公無私的。他初步建議，該委員會應該由美國法院的法官、香港法院的院長和兩名中國代表組成。這些華人說不能推舉司法界的華人代表他們，寧願要由工人、學生、商人、海員代表組成的委員會。他們出於這樣的理由，認為調查委員會至少應有十到二十名中國委員。他們面對問題，如果委員會調查的結論，不主張懲辦捕房官員，那麼華人會不會接受這樣的結論？他們的答覆是否定的。某些華人渴望舉行非正式會議的另一個理由，就是雙方的觀點不同。例如，他們指出：你們歐洲人把法律當作聖物，而我們把它看得很隨便——如果學生觸犯了法律，你們就會認為不得不採取行動，而我們並不認為如此。」[22]

工部局在一九二五年錯過了能夠採取行動制止國民黨和共產黨聯合顛覆的最後機會。等到一九二七年，由於黨軍已經開到了上海的邊境，他們的談判地位是大大削弱了。一九二七年的工部局最終不得不選舉產生自己的戴克拉克政府，也就是費信惇的政府。它不得不跟既在共產國際控制的上海臨時政府中擔任頭面人物、又通過青幫跟國民黨黨軍合作的重要匪諜虞洽卿溝通，以便獲得共產國際和國民黨雙方的合作，保證自由市本身的邊界安全。當然，它會為此做出極大的讓步。這時，警務部門仍然向它報告，上海自由市界內的吳越商人的人身安全不斷受到恐怖分子的威脅。但是這一次，工部局已經決定完全不聽警務處長的建議了[23]。他們這樣做的結果就是，把本來可以用來保護錢袋的軍事力量交給了國民黨人，希望國民黨內部的溫和派消滅共產黨人和國民黨激進派，用這種綏靖的方式來保持上海自由市的治安，而工部局只能滿足於消極地保護歐裔居民的權利。事情走到這一步，南非化的快車已經越過了曼德拉這一站，直接通向辛巴威的車站了。

之所以會如此，就是因為像吳稚暉他們所描繪的那樣，南非化的過程當中依靠的這些所謂的亞裔或者華裔居民，他們自身的社會資本是非常軟弱的。他們甚至不能像非國大那樣有自己的武裝力量抵抗共產黨的滲透和攻擊。他們人數雖多，納稅的錢也不少，甚至認為自己的教育程度和經濟程度在全世界都是數一數二的，應該是高等人，但是真的需要靠得住的自己人來保護自己的時候，就表現得極其軟弱無力。在區區幾年時間內，由指望

22 上海市檔案館編：《工部局董事會會議錄》第二十三冊，上海古籍出版社，第574頁。

23 一九二七年八月三日，上海自由市議會（Shanghai Municipal Council）決定暫緩取締黨國代理人組織。「警務處長提交了一份報告，談了上海各路商界聯合會和納稅華人會的活動情況。根據他所說的理由，他建議向臨時法院提出申請，要求查封這兩個組織。總董建議，正在作出種種努力，平息增加房捐的反對意見之時，警務處長要採取行動的建議是不可取的。董事們一致同意這一觀點。會議決定，在後一個問題解決之前，警務處長提出的建議暫不考慮。」上海市檔案館編：《工部局董事會會議錄》第二十三冊，上海古籍出版社，第717頁。

盎格魯人來保護他們，落到指望依靠國民黨來保護他們。而上海市的自由派，在保守派由多數變成少數以後，更加傾向於採取消極的做法，希望用種族平等、擴大選舉權之類的手法來彌合上海自由市面臨的深刻的認同問題和顛覆問題，假裝看不見迫在眉睫的南越化危機。希望只要自己能夠堅持南非化的解決方案，他們的交涉對手就會安於僅僅獲得曼德拉的地位而放棄他們進一步的圖謀。

儘管上海的警務當局在當

外灘　一九三〇年代的上海外灘，街道上車水馬龍，黃浦江上千帆過盡，一片欣欣向榮，一戰紀念碑上的自由女神彷彿眷顧著這座富饒之城。然而，此時國民黨和共產黨正透過文攻武嚇，企圖顛覆上海自由市，而日軍亦虎視眈眈、加緊侵略腳步，可謂山雨欲來。

時還是能夠認清局勢的，但是在一九二六年工部局自身的改革以後就不能這麼做了。虞洽卿主持的委員會，最終成功地在工部局的最後改革當中將他們的代表安插進了行政機構。以後的上海工部局政府就不再是盎格魯人統治的上海了，而是無論在議會當中還是在行政機構和警務當中都安插了數目相當多的國民黨代表的一個兩黨聯合政府。這個所謂的彩虹政府並不是曼德拉和姆貝基的南非政府，而是季辛吉嘲諷地描繪的那個由共產黨人和共產

黨推薦的共產黨同情者所主持的粉紅色政府。該政府唯一的任務就是，為赤裸裸的共產黨政府鋪平道路，將剩餘的權力和資本完全移交給他們。當然，南京國民政府本身在亞洲內地發揮的歷史作用也是如此。如果不是因為他們的積極干預使得布爾什維克顛覆勢力獲得了曼德拉的榮譽，可以進一步打出種族平等和大眾民主的神聖旗號，那麼上海自由市本來是不會淪亡的。

但是從根本上來講，上海自由市的淪亡是由於掌握大權的盎格魯裔原住民在擴大政權基礎、推行行政國家和剿匪措施的時候不夠堅決；而本來有希望變成上海新市民的吳越裔上海人，由於自身的軟弱，沒有採取像南粵裔香港人在同一時期採取的堅決的自衛措施，而是像大多數兩面人一樣，用腳投票，把自己的支持投給了即將坑害自己的一方，最終把自己變成了狼狽為奸當中為狼進一步擴張勢力而服務的狽。儘管他們知道讓狼成功以後自己將會成為主要的受害者，但是他們還是寧願苟且偷生，在目前的短暫時期內，在上海以及在今天的美國和加拿大充當高等華人，假裝看不見自己的孫女要落到山東老幹部手裡的可悲未來；他們顛覆自己的恩人，為自己的敵人盡最後的義務。

逆轉的東亞史(4)

非中國視角的上海（上海自由市篇）

作者　劉仲敬
總編輯　富察
主編　洪源鴻
責任編輯　穆通安、賴英錡
特約編輯　三馬兄、xqmxqm
企畫　蔡慧華
封面設計　木木 lin
排版　宸遠彩藝

社長　郭重興
發行人兼出版總監　曾大福
出版發行　八旗文化／遠足文化事業股份有限公司
地址　新北市新店區民權路一〇八之二號九樓
電話　〇二～二二一八～一四一七
傳真　〇二～八六六七～一〇六五
客服專線　〇八〇〇～二二一～〇二九
信箱　gusa0601@gmail.com
臉書　facebook.com/gusapublishing
部落格　gusapublishing.blogspot.com
法律顧問　華洋法律事務所／蘇文生律師
印刷　成陽印刷股份有限公司

出版日期　二〇二一年五月（初版首刷）

定價　三八〇元整
ISBN　978-986-5524-80-7（平裝）
9789865524760（EPUB）
9789865524791（PDF）

國家圖書館出版品預行編目（CIP）資料

逆轉的東亞史(4)：非中國視角的上海，上海自由市篇 / 劉仲敬著 . -- 一版 . -- 新北市：八旗文化出版：遠足文化事業股份有限公司發行，2021.05
面；　公分
ISBN 978-986-5524-80-7（平裝）

1. 歷史 2. 民族史 3. 東亞

730.1　　110005171

劉仲敬

民族發明學講稿

劉仲敬

民族發明學講稿